中青年经济学家文库

教育与劳动力市场分割

田晓青　著

中国财经出版传媒集团

经济科学出版社
Economic Science Press

图书在版编目（CIP）数据

教育与劳动力市场分割/田晓青著 . —北京：
经济科学出版社，2018.4
（中青年经济学家文库）
ISBN 978 – 7 – 5141 – 9212 – 4

Ⅰ. ①教…　Ⅱ. ①田…　Ⅲ. ①教育 – 研究 –
中国②劳动力市场 – 研究 – 中国　Ⅳ. ①G52
②F249. 212

中国版本图书馆 CIP 数据核字（2018）第 071515 号

责任编辑：李　雪
责任校对：杨　海
责任印制：邱　天

教育与劳动力市场分割

田晓青　著

经济科学出版社出版、发行　新华书店经销
社址：北京市海淀区阜成路甲 28 号　邮编：100142
总编部电话：010 – 88191217　发行部电话：010 – 88191522
网址：www. esp. com. cn
电子邮件：esp@ esp. com. cn
天猫网店：经济科学出版社旗舰店
网址：http：//jjkxcbs. tmall. com
固安华明印业有限公司印装
880 × 1230　32 开　9 印张　170000 字
2018 年 4 月第 1 版　2018 年 4 月第 1 次印刷
ISBN 978 – 7 – 5141 – 9212 – 4　定价：36. 00 元

序

　　在社会经济发展的某一阶段，高等教育发生显著的大规模扩展，是很多国家都经历过的事件，我国从 20 世纪末期开始了高等教育的大规模扩招，人力资本不断积累，但由于劳动力市场分割严重，积累的人力资本很难得到有序释放，一种观点认为大学毕业生就业难是高等教育扩招的结果，体现了教育结构不合理，即是教育本身的问题；另一种观点认为，高等教育的发展虽然存在种种问题，使人才的发展和人力资本能量的释放受到瓶颈限制，还有一个很重要的原因，是现在的劳动力市场制度问题，特别是缺乏创新性人才发展的环境和空间。因此，教育是充分发挥人力资本作用，促进劳动力市场化发展，还是除此之外也会对劳动力市场的二元分割产生一定影响，甚至是形成分割的一个要素，愈来愈成为一项重要议题。

　　田晓青同志的《教育与劳动力市场分割》，倾向于后一种观点，认为相比较而言，阻碍人力资本潜力充分释放的因素更多地来自劳动力市场，而目前劳动力市场制度中最为严重的一个问题，是分割的问题。劳动力市场的制度性分割在我国有多重表现形式，如：以户籍制度为代表的城乡分割，以经济发展水平悬殊为主的地区分割，以所有制差异为特征的国有、非国有部门分割，以垄断利润高低为区别的行业分割。

本书针对当今劳动力市场上日益明显的两类人群被区分的现象，创造性地提出学历分割这一视角，一是验证这种分割的存在性，二是通过这一视角来分析教育（主要是高等教育）对分割本身的影响，以及二者的变动关系。实际上，教育本身是为了提高劳动者整体素质，增强流动能力，促进市场的灵活性和稳定性，进而打破劳动力市场分割。二者的关系方面，晓青在论著中着重论述了前者对后者的影响。希望晓青能够以此书的出版作为新的起点，在学术探索的道路上更进一步，一是不断跟进更新数据研究，二是展开教育与劳动力市场更全面的关系研究。

2018 年 3 月 21 日于北师大后主楼

前　言

　　教育从来都是一个美好的话题。对个人，培根道：读史使人明智，读诗使人聪慧，学习数学使人精密，物理学使人深刻，伦理学使人高尚，逻辑修辞使人善辩。总之，"知识能塑造人的性格"。对民族对国家，孔子言：道之以政，齐之以刑，民免而无耻；道之以德，齐之以礼，有耻且格，意为治理国家最根本是靠教育。现代人力资本理论同样告诉我们，教育投资对个人具有高回报率，"因为教育是人力资本中最大而且是最容易理解的组成部分，所以教育是向人投资的合适代表"①，二是国家鼓励、民众支持，苦难的中国人民从新中国成立前后各种政治运动的血雨腥风中走来，从盲目崇拜的焦躁中走来，开始明白经济建设的重要性，开始重视教育，并逐渐尝到甜头，造原子弹者果然比卖茶叶蛋者强。重教之风兴起，再苦再难的

---

　　① 　西奥多·舒尔茨. 改造传统农业［M］. 商务印书馆，1987：140.

家庭即使负债累累也要送子女上大学……

但好景不长，伴随着高等教育的扩招大学生失业率剧增，市场经济引发的严重通货膨胀，现代化产业发展使农民工去留两难。我们于无奈中质疑反思：教育怎么了？大学不应该扩招吗？转轨经济中的高失业与高通胀并存是不正常的吗？为什么一方面人力资本过剩，另一方面却是低效率？居民收入分配差距为何有越拉越大之迹象？社会公平问题炙手可热甚至深究到教育是否公平？这不禁让我想起哈耶克的一段话："当文明的进程发生了一个出人意料的转折时——即当发现自己没有像我们预料的那样持续前进，而是受到我们将其与往昔野蛮时代联想在一起的种种邪恶的威胁时，我们自然要怨天尤人而不自责。如果结果与我们的目标如此的不同，如果我们面对的不是自由和繁荣，而是奴役和苦难，那么邪恶的势力必定已经挫败我们的意图，我们成为某种邪恶力量的牺牲品，对这些邪恶力量，在我们能继续走上通往美好事物的道路之前，我们一定要加以征服。"①

给国家、社会和个人带来美好期望的教育，其发挥作用离不开制度环境，其中最重要的一种是劳动力市场环境。教育，尤其是高等教育作为一项重要的人力资本投资方式，检验其效

---

① 弗里德里希·奥古斯特·哈耶克．通往奴役之路［M］．中国社会科学出版社，1997．

率最简单直接的方法是考察劳动者进入劳动力市场后的工作状况、职业发展，以及劳动力流动情况。历史和制度性原因形成的劳动力市场分割在很长一段时间限制了教育投资的作用，不少文献已做过研究和阐述。而随着市场转型与发展，市场中竞争性因素，特别是教育因素所形成的分割逐渐成为一种重要的形式，本书从这一视角展开研究。通过分析，本书研究得出的主要结论是：第一，劳动力市场上的学历分割是存在的，即高学历劳动者群体和低学历劳动者群体的确处于两个分割的劳动力市场中。第二，近20年来，我国劳动力市场的学历分割程度呈上升的趋势。第三，从短期或局部来看，教育扩展会形成劳动力市场分割或加剧分割程度，但从长期来看，教育与劳动力市场分割的倒U型关系应当是存在的。

基于以上结论，提出相应的政策建议：一方面，应当深化教育制度改革，继续促进高等教育的发展，优化教育结构，提升教育质量，促进教育公平，处理好规模与结构、质量与公平的关系，创新教育体制机制和人才培养模式，尤其需要创新高等教育的体制机制和培养模式，提升高校的办学自主权，鼓励和促进大学之间展开合理的竞争。另一方面，加快促进劳动力市场转型，尽快建立统一竞争的劳动力市场，充分发挥市场在劳动力资源配置中的基础性作用，打破劳动力市场的制度性分割，破除依附于各种制度上的收入、福利待遇等在劳动力流动中的屏障作用。同时，我们需要衔接好教育与劳动力市场的关系。教育培养出来的人才终要走向市场，因此教育的规模、结构和质量必须满足劳动力市场的需求，才能使大学毕业生实现从学校到工作的转换，更好地匹配到工作岗位上。

　　本书得到劳动经济学和教育经济学领域多位专家学者的认可，并引起了同行的广泛讨论。尽管由于数据限制等原因，本书存在诸多方面的不足和缺陷，但毕竟是从一个新的视角来研究中国劳动力市场分割问题，并且能够在很大程度上结合实践，提出自己独特的见解与思考，这在科学研究中是非常值得鼓励的。

　　　　　　　　　　　　　　　　　田永坡

　　　　　　　　　2018年3月16日于北京万寿路

目　　录

第 *1* 章

绪　　论

　　所有与教育相关的社会经济问题，都有一个现实背景：教育发挥其作用的环境。教育发挥作用的机制基本按照以下路径：第一，个体劳动者对自身的教育投资，教育投资之后的个体劳动技能和素质提升并由此获得同一工作岗位收入报酬的增加，或是流动到另一工作岗位，具有相对之前岗位更高的社会福利。如此少数个体形成示范之后，带动更多个体仿效，由此不仅带来整体劳动者技能和素质的提高，更提高了生产效率，促进了经济更快发展。这是代内的情形。第二，代际的情形。基于上述情形，个体劳动者有动力对自己的子女进行教育投资，除了上述作用以外，还能实现教育资源的更充分配置，促进代际流动。但该作用机制的实施，有赖于当时的劳动力市场环境，与就业相关的收入政策、社会保险和福利措施、晋升机制等制度必须是相对完善和统一的，并且市场应该是充分竞争的，劳动的价格由效率决定，即效率决定工资。但是实际上，中国正缺乏如此的环境，大量研究表明，中国的劳动力市场是分割的①，一方面由于制度和社会原因所形成的非竞争性群体，导致劳动力不能自由流动②；另一方面，劳动力市场分割也大大削弱了效率对工资的定价能力，两个部门或区域的工资由工作岗位而不是个人工作绩效决定，在市场中产生两个结果：第一，初次就业者会竞相努力寻得一个"好工作"，从此便一劳永逸。基础教育或通识教育在此过程中呈现的作用是将劳动者分层，我们可称之为"通识教育分层效应"③。没能在初次就业时进入主要劳动力市场的劳动者一旦从事"坏工作"，则既不可能在本级市场得到较好的晋升机会，也不太可能向上流动到"好工作"部门，从而倦怠工作。第二，一次就业后的劳动者（无论他从事的是"好工作"，还是"坏工作"）也都没有参加各种职业培训与学习的动力，因为该项人力资本投资的收益率甚低，即使是政府鼓励甚至投资都无用，因为每一个人都是"理性的经济人"，因此导致职业教育发展艰难，职业教育收效甚微，我们可称

① 赖德胜. 论劳动力市场的制度性分割 [J]. 经济科学，1996 (6)：19 –23.

② 姚先国，黎煦. 劳动力市场分割——一个文献综述 [J]. 渤海大学学报，2005，27 (1)：71 –83.

③ 这也是教育经济学三大基本理论之一———筛选理论的观点。

之为"职业教育失灵效应"。

以上两条路径,对于教育与代际流动的情形,国内已有学者做过专门的研究①。对于教育与代内劳动力流动的情形,也有学者细致的研讨②,包括劳动力市场分割本身,有大量的研究基础和前期成果。然而,对于教育与劳动力市场分割之间的作用和影响,研究甚少,这正是本书研究的重点。

1.1
研究背景和意义

中国经济经过三十几年的高速增长,已经进入一个崭新的阶段。2011 年 GDP 突破 48 万亿元,人均 GDP 超过 5000 美元,大大高于同期世界经济年平均增长 3.8% 的速度,也明显高于发展中国家年平均增长 5% 的水平。高增长直接带来了人民生活水平的提高,使中国城乡人均收入明显增加。2011 年中国城镇居民人均可支配收入由 1978 年的 343 元增加到 21810 元,农村居民家庭人均纯收入由 1978 年的 134 元增加到 6977 元,年均增长率均大于 7%。中国经济正在经历着从计划经济到市场

---

① 郭丛斌. 教育与代际流动 [M]. 北京大学出版社,2009。
② 吴克明. 教育与劳动力流动 [M]. 北京师范大学出版社,2009。

经济、从传统农业社会到现代工业的社会巨变，劳动力市场作为经济发展链条中一个最为特殊要素市场，也正在经历着一场史无前例的考验。

第一，收入差距不断扩大。据国家统计局公布的数据，1978 年中国的基尼系数①为 0.317，自 2000 年开始越过 0.4 的警戒线，并逐年上升，2004 年超过了 0.465。此后，国家统计局不再公布国内的基尼系数，大都由经济学者估算。李实（2008）利用中国城镇居民入户调查数据，测算出我国的基尼系数从 1978 年以来基本上保持上升的趋势，分析其中最主要的原因，或者说对此系数贡献最大的是城乡收入差距的扩大②。而我们使用中国统计年鉴的数据③，计算的结果也反映了中国城镇收入差距在不断扩大，2008 年城镇居民收入基尼系数达到了 0.4（如表 1-1、图 1-1 所示）。

---

① 基尼系数：为了更好地用指数来反映社会收入分配的平等状况，意大利经济学家基尼根据洛伦茨曲线，计算出一个反映收入分配平等程度的指标，称为基尼系数，国际上通用基尼系数这一指标来衡量一国收入分配不平等的程度。它是把洛伦茨曲线图中实际收入分配曲线与绝对平均线之间的面积（用 A 表示）与这部分面积（A）加上实际收入分配曲线与绝对不平均曲线之间的面积（用 B 表示）之和（A + B）相除，商即为基尼系数。即：Gini = A/(A + B)。当 A = 0 时，基尼系数为 0，表示收入分配绝对平等；当 B = 0 时，基尼系数为 1，表示收入分配绝对不平等。基尼系数是 0 ~ 1 之间的数值，该数值越大，表示收入分配越不平等；该数值越小，表示收入分配越平等。

② 李实. 中国收入分配状况 [M] // 中国人口与劳动问题报告 No. 9. 社会科学文献出版社，2008：15.

③ 利用中国统计年鉴历年城镇居民可支配收入分层数据计算整理得到。

表 1 – 1　　　1978 ~ 2010 年中国城镇居民收入基尼系数

年份	1978	1980	1981	1982	1983	1984	1985
基尼系数	0.16	0.16	0.15	0.15	0.15	0.16	0.19
年份	1986	1987	1988	1989	1990	1991	1992
基尼系数	0.19	0.2	0.23	0.23	0.23	0.24	0.25
年份	1993	1994	1995	1996	1997	1998	1999
基尼系数	0.27	0.3	0.28	0.28	0.29	0.3	0.3
年份	2000	2001	2003	2004	2005	2006	2007
基尼系数	0.32	0.33	0.39	0.39	0.4	0.39	0.39
年份	2008	2009	2010	—	—	—	—
基尼系数	0.4	0.39	0.39	—	—	—	—

资料来源：中国统计年鉴（历年）。

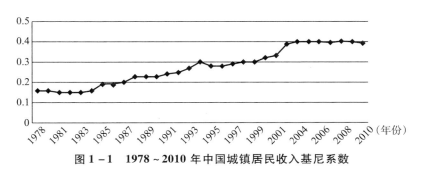

图 1 – 1　1978 ~ 2010 年中国城镇居民收入基尼系数

资料来源：中国统计年鉴（历年）。

　　虽然收入分配和收入差距因其定义、衡量标准和数据收集的不同而产生判断差异，官方公布与学者估算的结果也不完全相同，但有一个基本的事实是确定的，中国收入差距的确在不断扩大，而且这种趋势还在持续。不断扩大的收入差距不仅使劳动力市场本身出现各种问题，更会对社会经济造成重要的负面影响。

第二，劳动份额逐年下降。国民收入在不同要素之间的分配决定着居民收入分配的状况，劳动收入在国民收入中的份额则随经济增长和人均收入水平提高而提高。国家发展大都经历了这样的阶段，如 19 世纪 70 年代初美国的劳动收入占国民收入的比重只有 50%，而 10 余年后这一指标迅速提高到 74.3%，英国同样是仅 10 余年时间劳动收入占比就达到了这个数目，而且比美国发展还早 10 年，加拿大稍晚，这一发展过程是从 20 世纪的 20 年代中期到 80 年代中期①。中国的发展却与此不同，卓勇良依据相关数据计算发现，劳动收入占 GDP 比重在 1978 年为 42.1%，1983 年上升到 56% 以后却又不断下降，到 2005 年降至 38.2%②。虽然在世界各国的经济发展过程中，劳动份额的变化趋势呈现 U 型规律，即劳动份额先下降后上升③，

---

① 阿塔纳修斯·阿西马科普洛斯. 收入分配理论 [M]. 赖德胜等译，商务印书馆，1995：227－237.

② 卓勇良. 关于劳动所得下降资本所得比重上升的研究 [M]. 浙江社会科学，2007（5）.

③ 李稻葵等. GDP 中劳动份额演变的 U 型规律 [J]. 经济研究，2009（1）：70－82.

体现了经济发展不同阶段劳动与资本不同的作用，但中国的劳动份额总体不断下降的趋势使得劳动与资本的关系变得日趋紧张，社会矛盾加剧，同时也带来了居民收入差距的扩大。

第三，就业质量整体不高。一方面，中国就业压力仍然存在；另一方面，劳动者就业质量整体不高。赖德胜等人（2011）利用统计年鉴数据，通过构建一个含有三级指标的就业质量评价指标体系，对中国（不包含港澳台）30 个省份的就业质量状况进行了测算，该体系包括 6 个一级维度指标、20 个二级指标和 50 个三级指标。结果表明，在 2007 年、2008 年这两个年份，除少数几个经济发展水平较高的省份以外，我国大部分地区就业质量水平较低，而且不同省份之间有较为明显的差异，发展较为不协调，从总体上来看，就业质量指数也较低。北京市、上海市、天津市的就业质量居全国前三位，2008 年就业质量相对指数分别是 74.35、68.23、55.81。除此之外，其他省份就业质量地区相对指数均在 50% 以下，且数值都不高，2008 年全国平均水平较 2007 年有所提高，但也只有 34.81①。

第四，特殊群体问题严峻。伴随着工业化、城市化、现代

---

① 赖德胜等. 中国各地区就业质量测算与评价 [J]. 经济理论与经济管理，2011（11）：88 – 99.

化的进程，从 20 世纪 80 年代中期开始，农村劳动力开始大规模进城务工，逐渐成为劳动力市场中一个规模庞大的特殊群体。截至 2009 年，中国外出农民工的数量已经达到 14533 万人①，同时农民工内部出现代际更替，缺乏农村生活经历的新生代农民工②不仅有着就业压力，还有融入城市生活的各种诉求。如何解决这一特殊群体的各种问题，既是一个包含了经济、政治、文化概念上的理论问题，又是一个关系着经济转型发展、社会稳定大局以及民生安全保障的实践性问题。尤其是目前我国正处于中等收入陷阱危机时期，特殊群体问题不容忽视，亟待得到有效的解决。

劳动力市场涌现的问题日渐严重，而中国经济的结构性问题病根出在劳动力市场上，特别是劳动力市场的制度性分割带来的矛盾突出。第一，城乡之间的劳动力市场分割，以及对于农村劳动力进城的障碍（陆铭，2010）。从 1958 年全国人大常委会通过《中华人民共和国户口登记条例》开始，到 20 世纪 60 年代、70 年代对户籍制度进一步加强，并由此对城乡实行不同的劳动、就业制度，以及与此紧密相连的社会保障制度、

---

① "新生代农民工研究"课题组．新生代农民工的数量、结构和特点，人口与劳动绿皮书（2011）［M］．社会科学文献出版社，2011.
② "新生代农民工"被定义为 1980 年及之后出生，外出从业 6 个月及以上的农村劳动力。

医疗保险制度等，使得城乡劳动力市场严重分割。尽管最近十年国家努力推行农村社会保险、保障、医疗及教育改革，但从农业部门释放出来的农村劳动者，转移到城市就业过程中仍旧面临着各种与户籍相关的制度屏障，城镇劳动力市场中的城乡分割目前依然存在。第二，垄断利润的存在及其形成的行业分割和部门分割。从 1980 以来，尽管改革开放，推行市场经济改革，并进行了一系列的国有改制，国家支持和鼓励中小企业、民营企业的发展，但一些行业仍然存在较为明显的垄断利润（王大鹏，2006）。在垄断行业工作的固定工工资非常高，并且工作稳定，一旦获取该职位，便不会存在工作灵活性的问题，这实际上形成了一种内部劳动力市场，对外部的劳动者具有排斥效应和机制，即行业分割。并且，国有部门因其掌握的制度或权利性资源优势而形成了与私有部门相对独立的就业、保障政策，二者构成了中国特有的国有部门与私有部门分割。第三，正规就业与非正规就业的分割。垄断部门扩大和发展过程中新劳动力的进入，遭到原有成员阻止，使得新进入劳动者不能获得原有成员同样的利益水平，从而形成一种特殊的分割形式，即同一部门正规就业和非正规就业的差异。

在转向市场经济过程中，中国城镇劳动力市场分割效应不仅存在，而且有不断增强的趋势（李实，2009），城镇劳动力在不同部门和不同所有制企业之间的流动受到很大的束缚

（Jonh Knight & Song Lina，1995；Zhao yaohui，2002；Chen et al.，2005）。劳动力市场分割的存在，不利于劳动力自由流动和实现资源最优配置，长期分割还会严重伤害次要劳动力市场劳动者的生产积极性，阻碍经济一体化发展，甚至危害整个社会经济发展并由此带来一系列社会问题。国家十二五规划纲要明确提出"打破城乡、地区、行业、身份等因素造成的劳动力市场分割状态，加强一体化的劳动力市场建设，促进劳动力的合理流动，实行以人为本的就业普惠制原则，大力开发人力资源，实现劳动力资源的有效配置，把失业保险、失业补偿与促进再就业密切结合起来，初步建立城乡统一的人力资源市场。"按照人力资本理论，劳动者的人力资本通过就业发挥作用，教育投资也通过就业实现投入的回报，而劳动力市场的分割却阻碍了这一过程，尤其是制度性的分割（赖德胜，1996）和区域性分割，人为地限制了劳动力流动和人力资本作用的发挥，会形成劳动需求主体之间的非公平竞争（谭友林，2000），不同于生产和市场性因素导致的功能性分割，可以通过政策努力而加以克服（赖德胜，2001）。

鉴于解除劳动力市场分割的理论和现实意义，本书开创性地提出从教育这一视角来思考问题，研究教育这一变量对分割的影响。学界对此问题的研究很少，大多关注制度本身的作用（孙正林、范明，2005；徐林清，2002）。因此，研究和利用好教育投资的作用，对解决分割、建立统一的竞争性劳动力市场，以及整个经济社会发展具有重要意义。本书在国内外已有文献的基础上，从长期和短期两个层面，探讨教育（主要是高等教育）对劳动力市场分割的影响，并运用 CHIP 数据进行实证检验。通过准确测算劳动力市场分割程度，判断教育与劳动力市场分割的变动关系，为转型时期我国制定教育和就业政策提供理论依据和经验参考，以期推动我国劳动力市场改革，提高人力资源配置效率，释放人力资本能量，建立和完善统一的劳动力市场，促进经济转型和发展。

1. 2

中国劳动力市场分割的历史回顾

拥有五千年文明史的中国，正朝着现代化国家嬗变，劳动力市场分割的文化或多或少有着各种形式的保留。封建社会长期以来有着"重农轻商"的思想，商业不被重视，较之今天其发展十分有限，纺织等满足人们生活所需的轻工业和服务业形成一定规模。女子不就业，男子就业却又不是最主要的参与社会活动的方式。由于实施森严的等级制度，并且世袭，别说同代人，即使代际更迭，劳动者也很难流动。在此种社会结构下，先赋性规则是社会流动的基本法则，整个社会较为封闭①，劳动力市场分割非常明显，教育尤其是职业教育的作用极其微弱，少数贫困家庭的青少年可以通过学徒方式掌握一门技术进而进入该行业，但这种方式更多的是从小拜师学艺，或者这是他的第一种谋生技能，此后一生基本不会有太大改变。很难有什么其他途径可以带来劳动者的就业流动，除了教育，通过科考实现"鲤鱼跳龙门"的嬗变，由原本的农民一举成为举人，实现了劳动力向上流动，这其实与我们今天的情况十分相似：如果通过了国考（即国家公务员考试），则一举成为制度内的公务员，或者通过考上一所名牌大学而最终找到一份体面工作，"飞上枝头做凤凰"。所不同的是，当今社会的女性也可以而且需要工作，故社会上不仅有"凤凰男"，还有"凤凰女"。

新中国成立初期，中国实行单一所有制结构的计划经济体制，各种生产要素的配置均由政府计划实施，供给和需求不能实现均衡，也没有市场的信号作用，劳动力市场亦是如此，包括劳动力在内的所有要素流动性极弱，大多数人第一次就业就是终身就业，劳动者一辈子都在一个单位工作，晋升岗位和工资的高低也基本不由工作绩效决定，制度因素造成劳动力市场

① 郭丛斌：教育与代际流动 ［M］. 北京大学出版社，2009.

分割严重。农村劳动者不能享受城市居民同等的社会保险和福利，非全民所有制劳动者报酬和待遇较全民所有制劳动者差。职业也存在分割，身份被定为工人的劳动者无法从事管理工作，只有干部才具有接受各种培训和提升到党政部门当领导的机会。种种制度将劳动者进行不同性质的划分，一旦被定位，则等于被圈定，各种处于弱势地位的劳动者想向上流动都较为困难。

改革开放以来，我国逐步实现从单一所有制结构的计划经济体制向以公有制经济为主、多种所有制经济成分并存的社会主义市场经济体制转变。"效率优先、兼顾公平"政策的实施让整个市场活跃起来，各种生产要素流动性迅速增强。从前工作"包分配"的局面迅速被瓦解，就业实现"双向选择"，劳动力这一生产要素的能量也被释放出来。随着经济发展水平提高，第三产业新兴起来，各种外资、民营经济受到鼓励和发展，人们就业的渠道、方式、岗位也越来越多，劳动力市场分割的局面有弱化的效应。

但是伴随着中国市场经济体制的逐步确立，经过一段时间的粗放型发展后，经济转型的要求和社会发展的各种问题矛盾重重，劳动力市场涌现的问题也日渐严重。不同行业、职业、区域等的收入和福利差距日益扩大，劳动力市场的多重二元分割加剧，不仅阻碍了劳动力的自由流动，降低了配置和生产效率，也弱化了教育的功能，更重要的是，分割不利于社会公平和稳定，严重影响了社会经济发展与进步。随着 20 世纪末我国高等教育扩招政策的实施，劳动力市场分割显示出日益严重的趋势，本书将对此展开专门的研究，分析新形势下我国劳动力市场分割的特点，测量其具体的程度，并找到高等教育发展对分割产生的影响，以及二者的变动关系。

1.3

研究方法和创新

　　教育与劳动力市场分割的理论主要涉及到劳动经济学、教育经济学和制度经济学等学科，而人才的培养与就业问题又是关系到国家经济发展的重要课题，本书研究结合了理论和实践的要求，综合运用了各种方法，以实证分析为主、理论分析为辅，兼有比较分析和其他统计方法，具体如下：第一，理论研究方法。研究教育与劳动力市场分割的关系，既应当符合人力资本投资基本理论，又需要结合劳动力市场分割经典理论。同时，我国的劳动力市场分割是一种制度性分割，探讨如何减弱或消除分割，建立统一的竞争市场，也必须从制度变迁的层面来思考问题，这是本书第一部分的主要工作。第二，实证分析方法。在本书的第二部分，提出劳动力市场学历分割假说，主要采用描述统计方法。而验证学历分割的过程，既有描述统计，又有图表分析，同时使用主成分聚类分析法和人力资本模型法。计量检验的过程，从简单 OLS 回归，到加入交互项的 OLS，再到赫克曼（Heckman）二阶段法，且对不同方法回归的结果进行比较。最后，构建指数测量我国劳动力市场学历分割程度。第三，比较分析方法。本书的最后一部分，检验中国高等教育扩展与劳动力市场分割变动关系，既进行了不同省份的跨地区横向分析，也辅之以一国时序分析作为补充。

本书的创新点主要体现在三个方面：第一，以学历分割作为研究视角。现有文献在研究劳动力市场分割问题时，热衷于讨论因户籍差异而导致的城乡分割，因行业垄断而产生的行业分割，因所有制归属不同而形成的国有非国有部门差异，以及因地区经济水平悬殊而引起的区域分割。对于高考制度和高等教育经历带给青年人在劳动力市场就业的差异，以及这种制度化的差异日渐严重而形成的高学历劳动者群体与低学历劳动者群体的分割，鲜有研究，而这一问题是目前影响到我国劳动力市场改革和转型的一个重要现实问题。因此本书提出学历分割研究，既能为劳动经济学理论研究提供一个新的视角，又可指导中国劳动力市场改革和发展。第二，采用定量研究方法测度学历分割。实证分析学历分割的过程，已有文献更多进行两类部门的比较分析，本书利用人力资本模型，通过构建分割指数，准确测量我国劳动力市场学历分割程度，这种定量研究方法，也是对市场分割理论研究的一个推进，能够帮助我们更准确地认识和了解目前中国劳动力市场分割的程度。第三，以高等教育扩展对劳动力市场分割的影响作为主要研究内容。已有文献虽然承认教育与劳动力市场之间具有互相引领和促进的作用，也看到了劳动力市场的制度性分割对教育的负面影响，但进行教育与劳动力市场分割的变动、影响关系的定量研究却并不多见，这正是本书的工作。我们在研究这一变动关系时，既进行了短期局部影响的具体分析，也对二者的长期变动关系展开了讨论，使据此得出的结论及相应的对策建议具有了更强的说服力和现实意义。

1.4

内容和结构安排

教育对劳动力市场的影响，本身是一个内容非常丰富的体系，涉及到社会经济生活中最重要的两个方面，即教育和就业。经济转型时期我国劳动力市场变化复杂，仅针对分割的现象或制度展开研究，教育的视角也有不少，如教育分配、教育投资、教育扩展、教育公平等。本书受篇幅和各种条件的限制，显然无法包括所有这些内容，而是着重选取高等教育扩展对劳动力市场分割的影响及变动关系，作为全部的研究重点。在研究过程中，首先提出问题和研究假设，然后在已有理论基础上进行实证分析，接着对结果与现实的矛盾提出新的长期关系研究，利用中国数据做实证检验并给出解释，最后是结论与政策建议。技术路线如图 1-2 所示：

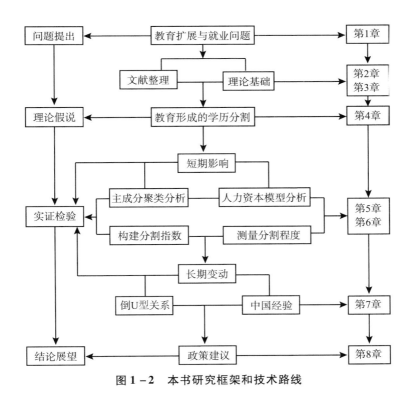

图 1-2 本书研究框架和技术路线

具体来看，第 1 章为绪论，提出本书的研究问题，结合中国劳动力市场分割的历史与经验，阐述研究背景和意义，主要研究方法、创新点，以及内容和结构安排。第 2 章是文献综述，梳理国内外关于劳动力市场分割的理论和实证研究文献，展开分析和评价，并引出我们关注的重点。第 3 章结合教育经济学、劳动经济学和制度经济学相关理论，阐述教育与劳动力市场分割影响研究的理论基础。第 4 章结合描述统计的结果，从高考制度、高等教育这一视角提出劳动力市场的学历分割二元性假说，利用数据初步比较高学历劳动者群体和低学历劳动者群体在工作职位和行业上的差异。第 5 章使用主成分聚类分析法和人力资本模型法实证检验学历分割的存在。第 6 章在上述基础上构建学历分割指数，并利用该指数测量不同年份我国劳动力市场分割程度，同时进行不同行业、所有制和地区的分割程度比较。通过研究得出一个基本结论：高等教育似乎是劳动力市场分割形成的"刽子手"。这不但与人力资本基本理论和劳动力市场分割经典理论不相符，也与许多国家的实际发展经验相左。故第 7 章继续深入探讨教育扩展与劳动力市场分割的变动关系。虽然目前的数据没能证明动态变化的倒 U 型关系，但给出的解释符合倒 U 型关系和中国的现实情况。第 8 章是对全书的总结，给出研究的 4 个基本结论，并依据结论提出相应的政策建议，最后是未来的研究展望。

第 2 章

文 献 综 述

2.1

劳动力市场分割理论和学派

20世纪70年代，在劳动经济学领域出现了内部劳动力市场（ILM）和外部劳动力市场（ELM）的概念（Dunlop，1955）。经济学家们看到了劳动力市场分割给社会和市场带来的负面性（Kerr，1950），也意识到了人力资本理论与道德人伦有相冲突的一面（Cain，1976），提出了古典经济学的理性经济人假设，而对于劳动力市场上的行为分析尚有欠缺，还应考虑到道德、法律、心理等综合因素，在适当的时候需要综合运用人类学和社会学等分析方法。

1971年，多林格和皮奥里的著作《内部劳动力市场和人力资本分析》正式出版，他们在此书中提出了 ILM 理论，这是劳动力市场分割理论的一个标志性著作，书中提出："劳动力市场有两类，内部劳动力市场和外部劳动力市场，前者配置资源的主要依据是内部的各种制度和政策，后者完全由市场机制决定，劳动力的使用、价格等都严格受到市场供求关系的影响。内部劳动力市场的招聘制度不仅决定其本身岗位与求职者的匹配过程，还深刻影响到两个市场之间的劳动力流动。"说明内部市场和外部市场是具有相对独立性的，内部市场的工作稳定性较强，而外部市场的工作灵活性较强，二者之间流动困难，同时两级市场的工资决定机制也有明显差异（Leontaridi，1998）。此后，多林格和皮奥里进一步将该理论深化，认为两级市场的较大差异类似于宏观经济发展中的两个部门，于是提出了"二元劳动力市场理论"，即 DLM 理论，来解释劳动力市场的分割现象。

二元劳动力市场分割理论是第一类重要的劳动力市场分割理论。其基本观点是：第一，劳动者就业的市场可以分为两个市场，主要部门和次要部门。第二，主要部门由大量具有内部劳动力市场的企业组成，工人的收入和福利制度完全由企业内部设计，收入和福利待遇较高，有更多的培训和提升机会，各种制度较完备，雇主更愿意用更高的工资留住人才，因此工作稳定性强，教育收益率高。第三，次要部门主要由内部劳动力市场以外的企业和机构组成，工资和收入的高低依劳动力市场供求状况而定，相对来说，收入较低，社会福利较差甚至没有，能接受到的职业培训很少，晋升机会不多，企业也不注重员工的连续性，工作灵活性非常强，教育收益率在这些部门非常低。第四，两级部门或市场之间的流动性非常弱，主要市场中的劳动者没有动力向下流动，次要市场中的劳动力虽然有强烈的向上流动欲望，但市场机制和次要部门较差的环境使得他们几乎不可能向上流动，由于工作缺乏稳定性，他们常常在次要市场内部流动就业，或者常伴有失业、待业状态。

二元劳动力市场理论一经提出，便引起了学界广泛而热烈的讨论，其中有支持者，亦有反对的声音。反对者最主要的观点是劳动力市场不只分成两个部分，提出只有更复杂的分层方可将现实描述清晰（Wachter et al.，1974）。对此，皮奥里（1975）也继续展开研究，认为主要市场的确可以再做细分，第一部分为高级部分，第二部分为次级部分。高级部分的主要特点是"三高"，即收入高，社会经济地位高，同时流动性也高。对应的岗位一般是专业技能要求非常高的专业技术岗，以及企业高端的管理岗位。次级部分包含的则是上述职位以外的岗位，其工资收入和福利待遇较前一类明显低，但流动性不强，工作非常稳定。同时，皮奥里（1975）还提出了"流动链"这个概念，连接内部劳动力市场理论与社会分层理论，将主要市场中的高级部分视为社会学的中产阶级，主要市场中的次级部分对应为社会学中的劳动阶级，而次要市场中的劳动者则为资本主义社会里的底层阶级。各种阶级之间的流动是具有一定规律甚至制度约束的，并且由于次要市场工作环境的"负反馈"效应，劳动力在两级市场之间的流动更为困难。

第二类具有重要影响的劳动力市场分割理论是激进派的观点。激进的分割理论强调社会经济因素对劳动力市场的影响，赞成用历史的观点来看待市场的发展进程。该学派研究了美国的历史，发现分割伴随着资本主义的发展而发展，其中垄断资本主义的产生和发展是一个重要的原因（Reich，Gordon & Edwards，1973）。因为在完全竞争的市场结构中，企业对劳动者的要求和生产的产品一样具有同质化特点，而工人是一种特殊的资本，人性化的要求和发展致使劳资产生冲突，垄断厂商就是作为解决矛盾的途径之一而出现的。他们开始转而关注如何控制和分配劳动力市场，于是就有了内部劳动力市场的出现，种族歧视、性别分割的产生和存在也就都不足为怪了。并且随着资本主义的不断发展，劳动密集型产业向资本密集型产业转移，更加剧了劳动力市场分割。激进理论发挥了马克思的阶级观点，并将这种阶级意识引入到劳动力市场分割理论中来，认为劳动力市场分割是资本与劳动、工人与资本家斗争和博弈的结果。这种观点虽然不足以全面解释分割，但也为我们提供了一个思考该问题很好的视角。

第三类代表性的理论是职位竞争理论，也被称为排队模型。职位竞争理论主要从求职者对工作岗位的需求角度来考虑问题，这也是从需求的基本含义出发展开的研究。需求和欲望是获得工作的首要条件，而决定这一职位归属还取决于能力，对商品来说是购买力，对劳动力市场的工作岗位而言则是工作能力。当然这种能力在工作之前，劳动者为了获取这一职位展开竞争的过程中并不能完全显现，可以显现的是求职者的边际生产能力，市场上会对此进行排序（Thurow，1970）。两个方面可以对排序产生决定性影响：一是求职者的人力资本条件，如受教育程度、综合素质、生产能力、配置能力等，这些条件直接决定了雇主将来对劳动者进行职业培训的成本高低，个人能力越强的，雇主花费的培训成本越低，所以排序越靠前；二是雇主对求职者的主观偏好，如西方很多国家，都一定程度上对黑色人种有歧视、对女性有歧视，反之，白色人种、男性求职者在职位竞争时排序会靠前。

还有一种学派叫作隐性契约理论。该理论最早由弗兰克·奈特（1921）提出，后经马丁尼尔·贝利、唐纳德·戈登和科斯塔斯·阿莎里第斯发展并最终成为一派获得学界承认的理论。隐性契约理论的基本思想是：劳动者和雇主都会基于成本收益的角度来决定他们的行为，假定前提是，具体的工作岗位要求掌握专门技能，而对劳动者进行这种专门的职业技能培训是必需的。因此，从劳动者的角度考虑，宁愿工资稍低，也不喜欢工作转换带来的损失；从雇主角度来看，为了降低雇佣关系破裂造成的损失，他们也愿意接受更多的稳定雇佣关系的工人。此时，实际上形成了一种是雇主和工人两方效用更大化的看不见的契约，即隐性契约。

2. 2

劳动力市场分割的测量

（1）从个体特征角度检验分割的方法

早期的实证研究方法和数据都受到一定的约束，在二元劳动力市场分割理论产生后，许多学者就此展开讨论，并进行了两个市场或两个部门工资方程差异的检验，其基本思想是在明瑟工资方程中加入了个人特征变量，具体模型如下：

$$\ln Y = \alpha + \beta edu + \gamma exp + \delta exp^2 + \varepsilon week + \theta cha$$

其中：Y 代表收入，edu 代表正规的受教育年限，exp 代表个人工作经验，week 代表一年工作的周数，cha 代表劳动者的个人特征，其余的字母 α、β、γ、δ、ε、θ 均表示参数。

检验的方法是依据某种标准，将所有的劳动者划分为不同的群体，再利用明瑟收入方程分别对这两个群体进行回归，考察回归系数的差异性，据此判断不同的群体的收入决定机制（Dickens et al.，1985）。这种做法其实是利用明瑟方程观察收入在不同群体的结构，检验不同部门劳动者的收入差异和教育回报率的差异（Taubman et al.，1986）。

奥斯特曼（1975）按照工作岗位特点的不同对劳动者进行划分，将他们分成了三个部分，并采用上述方程进行了检验。多林格和皮奥里（1971）以及皮奥里（1975）利用美国1967年的数据验证了一级部分还可以继续细分成高级和次级两个层次，这一研究推动了二元劳动力市场分割理论的继续细分。在这以后，各国的经济学家纷纷利用这一模型，对本国的劳动力市场分割情况进行实证检验，结果都支持二元劳动力市场理论（McNabb et al.，1981；Neuman et al.，1986；Guo Congbin，2004）。

另外，哈里森（1972）观察种族隔离的情形，利用美国1966年城市就业调查数据，证明美国劳动力市场的确存在黑人与白人的分割。

（2）从市场结构视角检验分割的方法

除了个体特征需要关注以外，不少文献提出劳动力市场结构也应纳入考察范围，即市场结构对不同群体或不同部分也会发生作用，导致工资方程差异，于是在明瑟收入方程中又加入了表示市场结构特点的变量，即：

$$\ln Y = \alpha + \beta human + \gamma market$$

其中：Y 代表收入，human 代表人力资本特征，包括上述明瑟方程中所有个体人力资本特征的集合，market 代表市场特征，根据关注重点有所差异，比如就业单位所在的行业、所有制类型、职业性质、职业种类、工作环境等等。

这一模型既包括个人特征，又兼顾了工作性质，还能检验市场结构特点对劳动力市场二元分割的作用。沃特等（1972）、布卢斯通（1972）和卡拉切克等（1976）都认为收入不仅反映劳动者的个人素质和能力，其所在行业对收入的作用也非常重要。

斯托尔则伯格（1975）也做了类似研究，发现在不同的产业结构中，劳动者收入也会产生差异，说明个人受教育程度与工作的行业、产业特点同时对劳动者收入产生影响。

然而比伯等（1977）并不十分赞成这些纯经济学角度的研究方法和结论。他提倡在研究中加入社会分层理论，基于美国的数据，该研究最后得出的主要结论是：工资较低的劳动者之所以不能获得更高的经济地位和社会地位，最重要的原因在于他们早就被置于美国社会的最底层，个人的知识、技能水平不是因，而是果。这种观点也存在一些阶级的痕迹。贝克等

（1978）检验了经济中的核心——外围产业结构决定了工人工资的差异。朱克等（1981）比较了不同的核心——外围产业分类法对收入的影响。

（3）从产业结构特征检验分割的方法

第三类检验分割的视角，是抛开个人特征的影响，从产业结构特征来展开研究。霍德森（1984）提出，劳动力市场二元分割特征的存在既可以从企业角度得到证实，也可以依据产业结构得以检验，其差别在于置于不同结构中对劳动者工资影响因素考察时，得到的最主要的变量是有差别且不完全一样的。具体的做法，仍然是先进行劳动者分类，然后进行简单的普通最小二乘估计，利用回归结果检验两个部分的劳动者工资方程的差异。这种方法实际上关注的是劳动力市场中的需求方。

社会学家常常会使用社会学的社会分层框架（social stratification frame）来诠释劳动力市场的分割现象，更多采用统计学的方法来进行验证，如因子分析法、聚类分析法和尺度分析法。奥斯特（1979）就结合使用了统计学方法中的因子分析法和主成分分析法，具体做法是：首先考察国内第一产业、第二产业、第三产业各自的结构特征，从中找出具有规律和代表性的因子，并找到另一批既能描述劳动者个人特征、又能代表经济二元性的因子，然后运用这两类因子，结合主成分分析法验证劳动力市场的二元分割。

托尔伯特等（1980）也利用因子分析法对分割进行了验证，只不过关注的视角不是三大产业结构的差异，而是微观经济学中提到的市场竞争类型，利用美国 1971 年的数据，总结了十几个影响企业生产、经营等方面的重要因素，并将它们确定为影响因子进行分析，最终的结论也证明了劳动力市场二元分割的存在。

波士顿（1990）利用美国 1983 年人口调查（current population survey）中对于"你需要特定的技能或培训来获得你现在正在从事的或者之前从事的工作吗？"这个问题的答案，根据不同职业岗位的特点，采用了聚类分析法对不同的工作岗位进行归类，证明了劳动力市场职位分割。

安德森等（1987）的研究更进一步，不仅总结了职位特征和产业特征，并且通过引入工具变量对二者是否形成分割进行了检验，结论是肯定的。然而在此基础上，继续对不同群体进行聚类分析的结果，却得不到二元分割理论（Doringer & Piore，1971），即分割是不存在的，二元分割理论对于劳动力市场的解释在该项研究中并没能获得验证。类似的，聚类分析方法也被运用在德拉戈等（1995）和弗拉特乌等（1993）对澳大利亚劳动力市场是否存在分割的研究中。

（4）从劳动者求职过程和行为解释分割的方法

格雷厄姆等（1990）使用风险理论来解释分割性，其基本观点是：第一，主要劳动力市场中的劳动者承担的风险和负效用要低于次要市场中的劳动者；第二，主要市场中的劳动者的风险和负效用可以得到充分地补偿，而次要市场中的劳动者几乎没有此类补偿，结果造成两个部分的工资不同。验证方法是，先以风险或负效用差异状况区分两个市场的劳动者，再分别验证这两个市场收入方程的差异性。这种方法的关键是对样本进行分类的时候，采用的标准较之从前不同，结论同样证实了分割的存在性。该研究认为，之所以次要市场的劳动者工资方程显示较主要部门差，其重要原因在于该市场对劳动者不需要较高的人力资本水平，这一群体很难获得制度保障的动力，即提供工作岗位的雇主没有提高劳动者待遇的积极性。

米切尔等（2005）使用工作搜寻理论来诠释分割性，他认为主要劳动力市场中的劳动者搜寻工作途径、方式与次要劳动力市场的劳动者是不同的，具体的做法是，首先利用数据验证两个群体的工作搜寻行为是否存在较大差别，在此基础上再利用计量经济学方法中的 Logistic 回归模型找出各种解释变量，最后证明劳动力市场的二元分割性是可以用工作搜寻理论来解释的。

劳洛夫（2004）根据劳动力流动激励来检验市场分割性，采用德国的面板数据进行观察和计算，认为主要市场中的劳动者流动就业时，其人力资本水平可以起到作用。因为在这一部门，教育回报率为正。二级部分的工作对人力资本没有回报，所以该部分的劳动力流动与其人力资本积累没有关系。该书首先使用潜类记数数据模型来判断市场分割，是因为事先分类的方法常常会有截断性偏差的问题产生，判定市场类型之后，再检验工作转换或职位变换与人力资本的关系，结果发现，二者的关系的确在两个市场上显著不同，分割也得到了证明。

2.3

制度性分割中的教育或培训

劳动力市场制度分割理论认为劳动力市场被分成两个有区别的部分。在次要劳动力市场，人力资本特征对工资决定几乎没有影响，晋升机会非常有限，实行专制的个人化管理，即管理随意，较低的工资，工作依附力低，劳动迁移率和摩擦性失业率高，该市场的工作常常被简单的称之为"差工作"（bad job）。主要劳动力市场则相反，人力资本特征对工资影响较大，管理和晋升制度正规，这些工作被称为"好工作"（good job）。

最终，一些拥有人力资本的个体如果没能向主要劳动力市场雇佣者证明自己，而是偶然的进入到次要劳动力市场，他们则会被抑制流动。也就是说，主要劳动力市场的工作岗位是定量供给的，所以依靠培训提高劳动者工资的做法在次要劳动力市场没有效果，而且还需要单方面的政策支持，如提高最低工资、鼓励工会、限制歧视、强制实施同工同酬来帮助被困于次要劳动力市场的工人。这些次要劳动力市场政策的基本目标是使"坏工作"更像主要劳动力市场中的"好工作"一样。另外，宏观经济政策也能减少失业，提高主要劳动力市场的流动性。

一些早期的制度 SLM 理论集中在讨论部门流动性问题上，使得研究好像在掩饰分割，罗森伯格（1989）认为这是不确定的。还有一项对制度 SLM 假定的检测试图展示在次要市场缺乏人力资本回报，用这种方法所做的研究似乎强有力地证明了分割。但是，所有这些研究都有问题，凯恩（1976）批评到，这些研究可能存在截面偏差。继续做分割的经验研究，截面偏差问题将是计量经济学的中心。

奥尔和道格拉斯（1997）运用 59 个劳动力市场区域的工业变量，创建了具有相对解释力的分割指数和模型，该指数反映劳动力市场区域或部分分割的存在。研究还发现，培训在 20 世纪 90 年代再次成为中心政策，不仅应用于解决贫困和社会福利不公平的政策领域，还与整个复杂的劳动力市场紧密联系，提出如果对低技能劳动者的培训有效，则劳动力市场分割的程度就会非常弱。

雷比特（1993）指出，新古典主义 SLM 理论发展出来的模型中许多都与标准的新古典模型无异，统一的分类标准出现在近似两种方法上，政策启示却显著不同。首先，这些模型中次要劳动力市场遵守严格的新古典理论，因为培训可以提高这一市场中劳动者的工资，两级市场时间的断层由主要市场中的效率工资决定，这个效率工资限定了次要市场的规模。为了增加主要部门工作数量，主要部门工资必须降低，因为任何低工资劳动者的花费都能提高效率工资。因此，需要限制最低工资、缩减失业保险范围、减少福利、削弱工会话语权、提高失业率的政策会降低主要市场的工资，增加主要市场工作岗位。

但是，制度 SLM 理论却提出相反的政策建议，认为所有的政策都是在让"好工作"向"坏工作"靠拢。这些政策建议只是通过增加劳动者的花费增强其工作灵活性，从而对现有的劳动力市场中心板块进行重组，类似于重分蛋糕，而不是做大蛋糕。雷比兹和罗宾逊（1991）在选择性理论模型上取得了一些进展。他们的研究类似雷比兹和泰勒（1991）的制度主义，包括雷比兹（1989）、韦斯科普夫（1987）提出的潜在模型，两种方法在工资决定预测上有冲突，故而政策或制度对额外失业的解决措施不一样。

爱德华兹（1979）和戈登等人（1982）的研究实证检验了制度 SLM 理论一个方面的变化，认为劳动力市场分割是特定历史发展的结果，是劳动力与资本为控制劳动过程进行斗争的结果，当然也有一些以性别、种族关系相互作用为条件的结果。大部分实证检验这一理论的变化重在分析历史变迁方式而不是集中在最新数据的经济学分析上（Wilkinson，1981；Farkas & England，1988）。根据这一理论，分割存在的先决条件是资本集中的大量迁移，如 1900 年至 1920 年的情况，埃夫里特（Averitt，1968）称作是二元经济。二元经济中，具有核心垄断势力的大公司压迫外围的小公司，使其越来越不稳定，并形成周期循环。戈登（1982）提出在 1920 至 1930 年间，这些大公司为了控制劳动过程并预防劳动力动荡而创立分层管理控制制度（即内部劳动力市场）。这种控制结构通常需要增加人事管理人员对非管理岗位的工人进行管理。这样的结构形式成为主要市场形成的基础，剩余的外围公司主要依靠劳动力管理的驱动制度而存在，也就成为次要市场的基础。这种特殊形式的分割在 40 年代末期和 50 年代被统一或者固化，而一旦被固化，主要市场与次要市场的差异便迅速扩大，因为教育制度对个体进入主要或是次要市场具有引导作用，这种引导对现在或是将来、种族或是性别都有歧视。该过程有一个特征：拥有主要市场就业所需的人力资本的劳动者个体很可能被困在次要市场。

2.4

教育与劳动力市场分割

布洛克和麦克帕特兰（1987）研究了少数民族在劳动力市场搜寻工作的平等权问题，提到了教育的作用，主要是种族歧视造成分割；基德（1993）研究了求职过程中的性别歧视问题。关于职业教育方面的研究较多，史蒂芬（1998）调查了澳大利亚青少年接受职业教育和培训的状况，讨论了如何获得更多的受教育权；布朗（1995）将教育置于文化和社会阶层维度研究就业和劳动力市场。班纳吉（1983）通过劳动力流动概率实证模型分析了印度劳动力市场分割状况。

卡门·巴赫和马克·斯坦皮尼（2009）通过比较观察6个国家的数据，衡量了这些国家正规就业、非正规就业和个体经营的分割程度，用一个新的标准来测量了不存在分割时的劳动力流动，结果发现：第一，拉美国家的正规就业与非正规就业的收入存在差异，转轨国家却没有。第二，劳动力流动在扩展，尤其是非正规就业向正规就业的流动，只有自我雇佣与正规就业之间的流动比较少。因此不能简单笼统地判断一个国家或地区劳动力市场分割程度，其影响因素不仅是教育水平，还应考虑能力、个人偏好等其他变量。

李实（1997）研究了中国经济转轨中劳动力流动模型；赖德胜（1998）提出教育对收入分配均衡有重要影响，收入影响着劳动力就业；郭丛斌、丁小浩（2004）在分析中国劳动力市场分割中的行业代际效应时提到了教育的作用，暗含了教育对劳动力市场的分割是有影响的。

岳昌君（2004）对中国高等教育与劳动力市场进行了研究，并使用了五项调查数据，即北京大学"高等教育与劳动力市场"课题组的调查，北京师范大学"毕业生就业意向与就业行为研究"课题组的调查，教育部"中国高等学校毕业生就业形势的分析与预测"课题组的统计分析，教育部全国高校学生信息咨询与就业指导中心的首选企业调查，以及中华英才网对高校毕业生期望薪酬的调查，讨论了在劳动力市场分割的条件下，中国普通高等教育发展规模适度的问题。

孙志军（2004）揭示了教育与收入、收入分配及劳动力市场之间的关系及其政策含义。姚先国（2006）认为劳动力市场歧视（如国家对城乡教育投资的差异）会使农民工与城市工平均工资收入产生较大差异，也加深了劳动力市场的二元分割；杨河清、肖鹏燕（2009）分析了我国大学毕业生就业市场的总量与结构失衡现状，表明教育资源投入并没有使劳动力市场结构优化。

王美艳（2005）描述了中国城市劳动力市场上男女在行业获得和工资上的差异，发现行业内的工资差异和性别歧视是造成收入差异，并形成现有劳动力市场分割的主要原因，其中人力资本所起的作用很小。

还有学者的研究不仅承认现有教育投资存在问题，对劳动力市场分割造成了影响，并且展开了教育公平的探索。王善迈、杜育红、刘远新（1998）对我国教育发展不平衡状况做了实证分析；王善迈（2008）从受教育权和入学机会公平、公共教育资源配置公平、教育质量公平、群体间教育公平四个方面设计了正规三级教育公平的具体评价指标。蔡昉（2005）提出迫切需要对农民工进行培训来应对现今劳动力市场的变化。已有研究对教育及人力资本投资在劳动力市场分割中的作用都有涉及，但利用中国数据实证研究二者关系的文献却很少，尤其缺乏教育对劳动力市场分割影响和二者关系发展变化状态的关注，这正是本书的研究内容。

第 *3* 章

教育与劳动力市场分割
关系研究的理论基础

　　在对相关研究的国内文献梳理的基础上，分析教育与劳动力市场关系研究的理论基础，是本章的主要工作。在经济学理论的基本框架下，劳动力市场分割的定义界限虽然至今仍较为模糊，但两个方向是学界广泛认可的，即从工资或收入差异的视角测量分割程度，从两个部门或部门内部劳动力流动及流动障碍的视角来观察分割效应，因此我们的理论也将建立在此基础之上，主要从这两个方向展开论述。

3. 1

供求制度模型

　　供求制度模型（SDI）取自于弗里曼和卡茨（1994）非正

式概念框架，以及邦德和约翰逊（1992）组间工资差距的决定因素正式模型。其基本思想是个人的实际工资可以分解成为一个潜在的竞争工资（或竞争的总补偿水平）和一个相对于该个体的竞争补偿水平的偏差。实际工资往往或者由于制度等非竞争力量影响工资安排的原因，或者由于在各工种之间非工资收入的差别引起的计量问题的原因等偏离了竞争补偿水平。个人 i 的实际工资 ω_i 可以定义为 i 的竞争性工资 ω_{ic} 与 i 的相对租金 μ_i 的乘积：$\omega_i = \omega_{ic}\mu_i$。如果所有工作的非工资雇佣性质相同，并且没有制度性和非竞争性因素引起工资偏离其竞争性标准，则所有 μ_i 值都等于 1。但是许多证据表明，给定水平或技能的劳动者的工资由于行业不同、雇主和工会地位不同而存在差别，也就表明 μ_i 偏离 1 的可能具有数量上的重要性。但不论是由于作为雇佣的非工资特征的补偿差距，还是对工资的非竞争性影响等引起的工资对完全竞争性补偿的偏离，在这里都可以解释为相对租金的变动。

这个方法为考察各劳动力组的相对工资，以及剩余组间工资不平等的变化提供了一个有用的框架。总体劳动力按人口统计分组，假设由 k 组构成，在组 k 中的个人 i 的相对工资 Y_{ik} 可以表示为个人 i 的对数竞争性工资 Y_{ikc} 和个人 i 的对数相对租金 R_{ik} 之和，即：

$$Y_{ik} = Y_{ikc} + R_{ik} \qquad \text{方程（3.1）}$$

其中，$Y_{ik} = \log(Y_{ik})$，$Y_{ikc} = \log(Y_{ikc})$，$R_{ik} = \log(\mu_{ik})$。组 k 的对数工资平均数 Y_k 等于 k 的对数竞争性工资平均数与组 k 工人的平均对数租金之和：

$$Y_k = Y_{kc} + R_k \qquad \text{方程（3.2）}$$

竞争性对数相对工资由各组的相对供给与相对需求共同决定。当劳动力市场存在制度性分割时，不同市场的工资具有明显差异，在部门 j 工作的组 k 的个人实际对数工资由以下几个方面之和给出：组 k 的竞争性对数工资 Y_{kc}，在部门 j 就业的组 k 的劳动者部门工资差距平均数 I_{jk}，组 k 的工会地位指标（如果参加工会则 $U_{ik} = 1$，如果不参加工会则 $U_{ik} = 0$）与相对工会工资差距平均数 τ_k 的积，最低工资影响状态指标（如果 i 的工资受到最低工资的影响，则 $M_{ik} = 1$，否则 $M_{ik} = 0$）与相对的组 k 受影响工人最低工资影响 δ_k 平均数的积，以及反映个人测度误差和组内个人水平上的能力与租金变动的个人误差项（零均值，ε_{ijk}）：

$$Y_{ijk} = \log(\omega_{ijk}) = Y_{kc} + I_{jk} + \tau_k U_{ik} + M_{ik}\delta_k + \varepsilon_{ijk} \qquad \text{方程（3.3）}$$

部门工资差距 I_{jk} 反映了工会等制度性因素对部门及人口分组的工资水平的工资差距效应，另一部门与该部门非竞争性工资变化的来源，以及造成部门间工作条件和非工资性补偿差异的不断平衡。最低工资影响 δ_k 包括对那些获得最低工资的个人直接影响，以及有关最低工资的潜在正溢出效应或对无覆盖部门工资的可能的负挤出效应。组 k 内工人的对数工资平均数可记为：

$$Y_k = Y_{kc} + \sum_j \partial \{ I_{jk}\varphi_{jk} + \tau_k U_k + M_k \delta_k \} \qquad 方程（3.4）$$

其中，$\phi_{jk} = \dfrac{N_{jk}}{N_k}$ 是组 k 在部门 j 中工作人数的比例；U_k 是组 k 中参加工会人数的比例；M_k 是组 k 中受到最低工资影响的人数比例。我们假设每期对数工资可计量为相对整体对数工资平均数的偏差，每组 k 的相对对数工资的变化就是：

$$dY_k = dY_{kc} + \sum_j (dl_{jk}\varphi_{jk} + I_{jk}d\varphi_{jk}) +$$
$$d\tau_k U_k + \tau_k dU_k + dM_k \delta_k + M_k d\delta_k \qquad 方程（3.5）$$

该模型可以用于两个部门分析工资机构变化的差异，假设工资结构变化主要反映竞争性力量的变化，同时使用一个供给——需求模型来解释实际相对工资和就业变化（Freeman，1975；Murphy & Welch，1992），基本做法是看人们在纯粹竞争性框架下能走多远，剩下的"不规则"用来考察制度性因素的作用。将组内工资离散的变化分解为价格和数量的变化存在一定困难，这就说明使用这一方法在评价组间工资变化的决定因素时更具有典型的直接性。纯粹供给——需求方法在一定程度上可能潜在的误导外生性制度变化对可观察工资产生重大影响，尤其是当企业不在劳动力需求曲线上生产时。另外，还有以下几个可能产生的决策问题，如技能组的总体水平估计，分割相对供给和需求变动所需要的强假设，以及将可计量的相对需求变动分解为可解释的变量（如技能偏向型的技术进步的影响、国内产品市场需求变动影响、全球化因素影响等）。这种方法更接近方程（3.1）至方程（3.5）所描述的框架，并且可以估计制度性因素和竞争性因素变化对组内相对工资可观察到的变化的贡献度。

　　纯粹供给和需求模型假设每期相对工资由供给曲线和需求曲线的交点来决定。假设短期相对供给没有弹性，相对技术工人就业增长如图 3-1 所示，技术工人的供给曲线向右移动，如果需求相对稳定，技术工人的相对工资就会下降。这样，技术工人的需求曲线就会向外移动，从 D_0 移动到 D_1，成为技术工人相对工资上升的推动力。关于技术差别上升的一个可能的制度性解释是，非技术工人的相对租金下降，此时技术工人的相对工资与就业上升，即从 A 点到 B 点可能无须相对需求曲线变动即可实现。而相对需求曲线可能稳定在 D_1 处，但是非技术工人一开始从工会获得大量租金，并且由企业安排在竞争水平就业，在这种情况下，经济最初在劳动力需求曲线下方运行，即在点 A 而不是点 C，技术工人的相对供给增长使工资下降到点 D，完全的租金减少会导致技术工资差距增加至点 B。

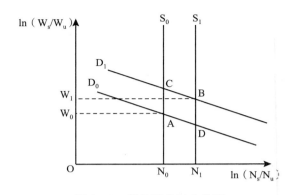

图 3－1　供给需求制度模型

3.2

雇主歧视模型

　　该模型属于基于个人偏见的歧视模型之一，假定雇主是有偏见的，即他们具有不与属于某一特定人口群体中的人打交道的偏好。首先，可以假设雇主对于低学历劳动者有偏见，而顾客和作为潜在同事的其他员工则没有这种偏见。其次，如果从模型的目的出发，撇开劳动者在进入劳动力市场之前的差异因素，把注意力直接集中在劳动力市场歧视方面，可以假设低学历劳动者与高学历劳动者具有相同的生产率效率，因为生产效率不仅仅受学历高低影响，还受到工作经验其他人力资本以及社会资本的影响。倘若在低学历劳动者与高学历劳动者具有相同的生产能力的情况下，雇主对于雇佣高学历劳动者来进行这项工作有更强的偏好，则对于雇主选择将职位给谁这一行为而言，他们已经默认或者假定了低学历劳动者的生产率比高学历者要低。然而我们的模型假定的是这两类劳动者具有同样的生产率，所以这就意味着低学历劳动者的生产率在雇主眼里会低于真正的价值，而这种结果是由于雇主主观原因造成的。此时，当雇主的这种想法越深，低学历劳动者的实际生产率就越不能得到正确的认识，其贬值程度也越深。

如果 MRP 代表某一劳动力市场上的所有劳动者的实际边际收益生产率，d 代表低学历劳动者的生产率被雇主从主观上进行贬值的程度，在这种情况下，只有当高学历劳动者的工资率（W_M）等于 MRP 的时候，高学历劳动者的劳动力市场才能达到均衡状态：

$$MRP = W_M$$

然而，对于低学历劳动者来说，只有当他们的工资率（W_F）等于雇主认为的主观价值的时候，他们的劳动力市场均衡才能实现：

$$MRP - d = W_F$$

$$或 \quad MRP = W_F + d \qquad 方程（3.6）$$

由于我们假定低学历劳动者的实际边际收益生产率与高学历劳动者是相等的，因此我们可以清楚地看到，W_F 必然小

于 W_M：

$$W_M = W_F + d$$

$$或 \quad W_F = W_M - d$$

上面的这一数学表达式表达了一种十分简单的经济逻辑，即如果低学历劳动者的实际生产率价值被雇主所贬低，处于这两大群体中的劳动者为了同高学历者竞争工作岗位，就必须接受比高学历劳动者低的工资。

图 3 - 2 是方程（3.6）的一种图形表示，意为这种雇主歧视模型有两个主要的含义：

第一个方面的含义关系到利润问题。一位歧视性雇主所面对的低学历劳动者的市场工资率为 W_F，因此他将会雇佣的人数为 N_0，因为在这一点上，$MRP = W_F + d$ 这一等式成立。MRP 曲线下面的面积代表的是企业的总收益，所以从图 3 - 2 中我们就可以看出这种情况对于利润所产生的影响。从总收益中减去代表歧视性雇主所支付的工资总额的那个区域（$OEFN_0$）的面积，就可以得到代表这些雇主所获得的利润的区域，即图中的 AEFB。然而，对于一位追求利润最大化的非歧视性雇主来说，它的利润区域应该是 AEG。

非歧视性雇主在雇佣低学历劳动者时，会将雇佣水平一直扩大到使得这些劳动者边际产品等于他们的工资水平的那一点上，而歧视性雇主则在到达那一点之前就停止了雇佣。所以，在低学历劳动者工资水平一定的情况下，歧视性雇主为了坚持自己的偏见就不得不放弃一部分利润，这个利润的损失也就是市场分割带来的损失。

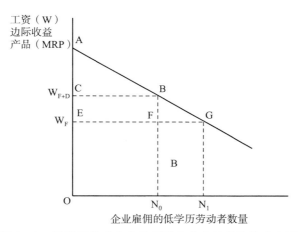

图 3 - 2　低学历劳动者在歧视性企业中的均衡就业水平

雇主歧视模型的第二个含义涉及 W_M 与 W_F 之间的差距大小，要探究影响这两种工资水平之间差距的决定因素，需要对低学历劳动者的市场需求曲线展开分析。如图 3 - 3 所示，低学历劳动者的劳动力市场需求是根据他们与高学历者之间的相对工资水平来表示的，假设在市场上还有许多没有歧视性行为的雇主，在低学历劳动者与高学历劳动者之间的相对工资水平为 1 的时候（即 $W_M = W_F$），这些雇主所雇佣的低学历劳动者

人数将会为 N_a。对于那些有歧视偏好的雇主来说，W_F 则必须下降到 W_M 以下才能诱使他们去雇用低学历劳动者。假定这些雇主的歧视偏好是不相同的，部分雇主在低学历劳动者的工资比高学历劳动者工资稍微低一点的时候，就宁愿雇佣低学历劳动者，而有些雇主只有当两类群体工资差异很大时，才愿意雇佣低学历劳动者。所以，我们可以假定劳动力市场的相对需求曲线在 A 点出现了向下的弯曲，这种形状反映了这样一个事实，即如果要雇主增加所雇佣的低学历劳动者人数，就必须使 W_F 相对于 W_M 进一步有所下降。

当低学历劳动者的供给相对较少的时候，即为图 3 − 3 中的供给曲线 S_1，市场上供不应求，他们会全部在没有歧视行为的雇主那里找到与自身生产能力相匹配的岗位。另外一种情况是，当低学历劳动者人数相对较多的时候，即为图 3 − 3 中供给曲线 S_2，市场上低学历劳动者属于供过于求的状态，此时一定有一部分的低学历劳动者需要到一些有歧视偏好的雇主那里工作，也就会致使 W_P 低于 W_M。在图 3 − 3 中，将供给曲线 S_2 和需求曲线合在一起所产生的共同作用导致相对工资被压低到 0.75。

除了低学历劳动者的供给曲线所出现的变化之外，还有其他两个方面的因素能够引起 W_F 和 W_M 之间的市场工资差别发生变化。

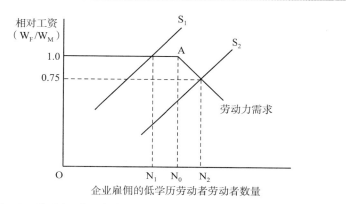

图 3 - 3　作为相对工资的一个函数的低学历劳动者的市场需求

第一，假设劳动力市场中的供给状况保持一定，如果没有歧视偏好的雇主数量增加，如图 3 - 4 所示，即市场需求曲线的水平部分会向 A′点处移动，以至于相对工资会提高，在图中显示为由原来的 0.75 提高到 0.85，这就可能直接形成高学历劳动者与低学历劳动者收入差异的缩小。换一句话说，市场上对低学历劳动者的需求因为非歧视偏好的雇主数量的增加而增加了，此时仅剩下较少的低学历劳动者被迫去有歧视偏好雇主处工作。并且，这部分低学历劳动者纵然必须到有歧视偏好的雇主处工作，至少他们可以选择去歧视性更弱的雇主那里，因为这样他们的生产率被贬值的程度较低一些。

第二，虽然没有歧视偏好的雇主数量并没有增加，但有歧视偏好的雇主对低学历劳动者生产率的歧视程度降低了，则也会出现前文所提到的 W_F 相对于 W_M 上升的情况，如图 3-5 所示，即劳动力需求曲线中折现的部分由 AA′变为 AB′。该图形中显示出，由于雇主歧视偏好程度的下降带来的市场上对低学历劳动者需求的增加，进而会带来相对工资的提高，即 $\dfrac{W_F}{W_M}$ 的值会提高，其原因是有歧视偏好的雇主对低学历劳动者生产率的判定值提高，也就使得这部分劳动者为此歧视需要付出的代价变低了。

雇主歧视模型告诉我们的是，没有歧视偏好的雇主追求利润最大化，有歧视偏好的雇主追求效用最大化，这种最大化的效用具有个人非客观偏见。顺着这样的思路往下分析，我们又发现一个新问题，这些具有歧视性偏好的雇主在充满竞争的市场中将如何生存下去？因为为了满足他们的歧视性偏好，这些雇主要承受利益损失。当竞争足够充分时，没有歧视的雇主获得更多的利益，在一轮又一轮的供求匹配过程中，最终有歧视性偏好的雇主只有两个宿命：要么被非歧视性雇主兼并或收购，要么他们以非歧视的价格接受这些低学历劳动者，实际上也就是他们自身改变。

总而言之，这一理论模型说明，在竞争充分的劳动力市场，歧视最终会被消灭，而在市场竞争不够充分的情形下，对劳动者群体的歧视性偏好仍然有生存空间，尤其是一些存在预算软约束的垄断企业。我国的国有企业存在歧视性偏好的可能性是较大的，尽管因为歧视的存在，他们会丧失一些利润，或者付出更高的雇佣成本，但由于对资源或者产品市场具有垄断地位，这些利润的损失丝毫不会影响他们的生存，反而他们还有可能将这种利益的损失转嫁至他人身上。

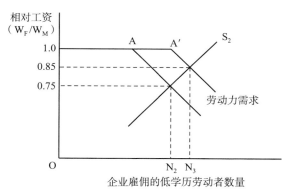

图 3 - 4　非歧视性雇主数量的增加对于相对工资影响

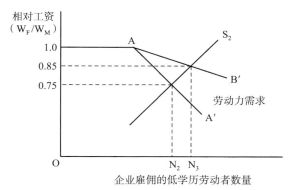

图 3 - 5　歧视性雇主数量的增加对于相对工资影响

3.3

非竞争歧视模型

非竞争歧视模型的基本假定：微观厂商所提供的工作岗位，他们享有较大的工资决定权，这种权利或者是因为厂商之间的串谋，或者是由于某种买方独家垄断力量，也可能是类似于分割的劳动力市场中的主要部门，或者说内部劳动力市场。

职业隔离是西方国家一个典型的分割研究，尤其是两性之间的职业隔离的存在，导致一些人认为这是为了降低某些职业的工资水平而故意使用拥挤政策形成的。如图 3 - 6（1）所示，非拥挤部分的雇佣人数表示市场中对劳动者的需求大于供给，此时的工资率水平为 W_H。图 3 - 6（2）呈现的是相反的情况，因为等待或需要被雇佣的人数较多，需求远远低于劳动者的供给，结果导致工资率 W_L 相对较低。虽然市场本身不存在对低学历劳动者或非大学毕业生的歧视，但如果这样的劳动者人数过多，以至于在市场中形成了过高的供给量，即我们模型所说的"拥挤"，其负面效应是显而易见的，但产生这一现象本身及致使它产生的具体原因目前还不清楚。

若某一个工作岗位，无论是高学历劳动者来做还是低学历劳动者来做，他们对于这一岗位的生产能力是一样的。但有些雇主会觉得低学历劳动者应该从事特定的工作，如环境特别差的，或者是流动性灵活性较强的等，由此使得他们对应匹配更低的收入水平，而这种低水平的工资却在某些时候成为了他们的优势：廉价劳动力使得开始只雇佣高学历劳动者的雇主，会考虑使用这些成本更低的低学历劳动者，并且越是这样，低学历劳动者可能会越多的被使用，直至最终消除掉了这两类群体之间本不应该存在的工资差异。但是，即使如此，模型提到的拥挤问题还是没有能够得到解决，这也就说明，劳动力市场上可能有两类或者更多具有不同竞争力的劳动者，从而对员工流动形成了障碍。

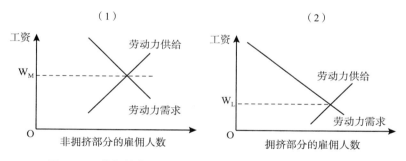

图 3-6　非拥挤部分雇佣人数的增加对于相对工资的影响

二元劳动力市场关于拥挤假设的最新变种是这样一种观点，即劳动力市场被分割成主要劳动力市场和次要劳动力市场两个部分。主要劳动力市场中的收入水平高，社会福利待遇好，职业培训的机会多，工作具有连续性，职位晋升机制也比较成熟和完备；而次要劳动力市场中的企业收入水平低，工作环境差，基本上没有社会福利保障，工作灵活性较强，缺乏培训机会，晋升希望小，劳动者的教育回报率非常低，这会形成一种"负反馈"效应，即使是起初生产能力较强的劳动者，一旦被市场分配到这一类型的工作，他们想要流动到主要市场就几乎成为不可能。

从劳动力市场二元分割理论的角度对歧视所进行的描述其实并没有很好地解释为什么会出现没有竞争关系的两大部门？为什么低学历劳动者会被放到次要部门？一些人提出，工作岗位的提供者进行串谋是一个可能的解释，还有的观点认为二元劳动力市场之所以会产生，关键是主要市场中存在效率工资，而这又是该市场中的雇主最为关心的。当然，不管哪一种解释更接近真实情况，大量研究都证明，具有不同工资机制的两类劳动力市场的确存在，并且是广泛存在于各国、各种经济环境和体制下，两级部门之间的流动困难，而且教育在主要部门的收益率较高，在次要部门、教育和经验与高工资之间却不存在联系。

这种有利于双重劳动力市场假设的证据，对于歧视的持续存在提供了一种新的解释，对当前存在的竞争水平和劳动力流动水平提出了疑问，认为在一开始就存在的这些不能相互竞争的族裔群体或性别群体将会不断自我强化。简而言之,双重劳动力市场假设与歧视模型是一致的。如果歧视理论是正确的,我们就不能指望依靠市场力量来消除歧视,因为这种歧视现象本身正是由市场力量自身所导致的。与搜寻成本有关的买方独家垄断拥挤假设和双重劳动力市场假设对歧视所做的解释都是建立在这样一种假设基础之上的,即劳动者是被"安排"到相应的职业群体当中去的,并且他们从这些职业群体向其他职业群体的流动是受到严格限制的。

第4章

劳动力市场的学历分割二元性假说

　　劳动力市场分割的结果表现为不同级别的劳动力市场关于劳动者工资、社会保险和福利等方面，以及劳动力流动的制度和政策规定，即就业政策和制度，要理解中国劳动力市场的学历分割首先要了解与之相关的劳动制度和就业政策是如何演化的。自新中国成立以来，中国的就业政策大体可以划分为这样几个阶段①。

　　第一阶段，计划经济体制下统包统配的就业政策（1949～1978年）。新中国成立之初，为了解决旧社会遗留的400万失业人员，以及城镇新增劳动力就业问题，政府统一安排旧有公职人员和官僚资本主义企业的职工，对其他失业人员实行介绍

---

　　① 任吉，左春玲. 中国的就业制度与政策 ［M］. 中国劳动社会保障出版社，2011.

就业和自行就业政策，国家允许国有、私营企业和事业单位自行招工。1952 年，政务院提出逐步实施统一调配劳动力，但在具体招工用人过程中，仍允许各单位自主选择录用。此间，固定工制度仅在一部分职工中推行，企业有权自行决定使用临时工。1955 年之后，企事业单位的用人自主权渐趋削弱，并逐步建立起由各级劳动部门统一管理劳动力运行的制度。政府颁布了禁止辞退职工的规定，各单位用人只进不出。1957 年，由于上年新增职工大大超过国家计划，国务院规定使用临时工的指标也需经中央主管部门或省、市和自治区政府批准，用人招工权被进一步集中到政府的劳动部门。这一时期，政府负责安排的人员范围不断扩大，从大中专毕业生和部分复员转业军人开始，渐渐发展到城镇中需要就业的全部人员，最终形成了以政府统包统配和固定工制度为主要特征的就业政策，该政策一直持续到"文化大革命"之后。这一时期大学毕业生与其他劳动者统一接受国家计划分配，在计划经济体制大背景下，学历差异对于劳动者是否能就业几乎没有影响，工作收入因单位和岗位的不同而有差异但并不明显。这一时期流动收入报酬层面和的学历分割虽不十分明显，但是固定工制度限制了劳动者的流动，大学毕业生"包当干部"造成的就业机会层面的学历分割非常严重。

第二阶段，经济转轨时期的经济体制改革下的就业政策（1978～1992年）。1980年8月7日，中共中央转发全国劳动就业工作会议文件《进一步做好城镇劳动就业工作》，提出"在国家统筹规划和指导下，实行劳动部门介绍就业、自愿组织起来就业和自谋职业结合"的方针。经济体制的改革不仅带来了就业政策改革，还带来了高等教育政策改革。1985年5月27日中共中央颁布《中共中央关于教育体制改革的决定》，明确指出：对于国家招生计划内的学生，其"毕业分配，实行在国家计划指导下，由本人选报志愿、学校推荐、用人单位择优录用的制度"。由此，传统的"统招统分"制度逐步改革，形成了以"供需见面"为主要形式，以"双向选择"为指导目标的就业政策。1986年7月12日，国务院发布《国营企业招用工人暂行规定》，提出企业招用工人，应先培训后就业，公开招收，全面考核，择优录用。如此将竞争机制引入就业领域，并赋予企业招工选择权，为形成劳动者与企业的双向选择关系打下了基础。同时，国务院还发布《国营企业实行劳动合同制暂行规定》，提出打破固定工制度，实行劳动合同制。至此，以市场为导向的、用人单位与劳动者"自由恋爱"式的就业机制确立，劳动者的工作选择及收入决定与其个人人力资本水平相关联，在"效率优先，兼顾公平"方针指导下，劳动者的收入差距扩大，据测算，中国居民收入分配基尼系数在这段时间保持在 0.33 ~ 0.37 之间的水平①。大学学历带来的劳动者收入报酬层面的分割在这一时期较之从前更明显，固定工制度的解除有效促进了劳动者择业以及流动，然而对于低学历者，就业选择比高学历者自然受到劳动力市场更多的限制和歧视。

　　第三阶段，社会主义市场经济建设时期的就业制度（1992年至今）。1992 年 7 月 23 日国务院颁布《全民所有制工业企业转换经营机制条例》规定企业实行合同化管理或全员劳动合同制。同年，党的十四大把建立社会主义市场经济体制作为经济体制改革的目标，从根本上动摇了传统计划经济体制基础。1993 年，党的十四届三中全会决定，劳动力市场是培育市场体系的重点之一，把开发利用和合理配置人力资源作为发展劳动力市场的出发点。此后，我国的劳动力市场逐步建立并不断规范。2000 年 12 月 8 日，劳动和社会保障部发布《劳动力市场管理规定》，发展和规范劳动力市场。自 1998 年实施高校扩招以来，一方面由于劳动力市场相当一段时期供大于求，另一方面市场经济条件下的劳动和就业政策，使许多大学毕业生失去了从前就业的绝对优势，尽管高学历仍是"好工作"的敲门砖，但门敲开后是否能走进去亦成为一个严峻的考验。这一时期我国同时还面临着解决大量农村转移劳动力就业和国企下岗

---

　　①　刘磊.中国居民总体收入差别研究概述［J］.经济学家，2000（4）.

人员再就业的问题，学历分割此时不仅存在，并且表现更为复杂，不仅有高学历与低学历劳动者初次就业机会的差异，更有高学历群体内部"好工作"与"差工作"、"金饭碗"与"铁饭碗"的区别。

不同国家的劳动力市场分割都有着共同的一些特征，都存在行业、职业、地域、制度，以及个体特征的分割，中国有其特殊性，如所有制的分割、城乡分割等。劳动者身处分割的劳动力市场就业，相比个人的人力资本水平，主要部门或是次要部门的工作对于就业可能具有更大的影响和作用。本章的主要目标在于考察转型经济发展时期有中国特色的高考制度及大学文凭带来的"学历分割"，利用 2007 年和 2008 年的中国城镇居民入户调查数据统计描述性的结果，观察两类群体的差异，并提出中国城市劳动力市场"学历分割"这一假说，主要分成三个部分进行论述，4.1 节介绍职业分割，说明职业性质带来"好工作"与"差工作"的区分，高学历劳动者更多分布在"好工作"中，低学历劳动者更多局限在"差工作"领域。4.2 节介绍行业分割，行业的垄断性与非垄断性形成"金饭碗"与"铁饭碗"的差异，当然更差的还有"瓷饭碗"，高学历者在垄断行业分布更多。4.3 节在此基础上提出中国城镇劳动力市场的学历二元性分割假说。

4.1

职业分割中的"好工作"与"差工作"

　　按照国家统计局的分类标准，我们将职业性质划分为8类，分别是：固定工，长期合同工，短期合同工，无合同的临时工，不领工资的家庭帮工，自我经营者，零工，其他。其中固定工的稳定性最强，收入较高，社会福利和社会保险均非常完备，晋升机制成熟，同时具有相对内部性，这类工作符合传统意义上主要劳动力市场的描述（Piore，1973），也是每一位劳动者竞相追求的"好工作"。随着劳动力市场制度不断改革，尤其是人事代理制度的推行①，长期合同工也相对其他性质的职业稳定，而其他6类职业除自我经营者另当别论外，其他职业就成为人们心目中不太理想、退而求其次的"差工作"。从职业种类来划分，同样可以分成8类，依次是：国家机关党群组织、企事业单位负责人，专业技术人员，办事人员和有关人

---

　　①　1983年中央发布决定，打破高度集权的干部管理制度，促进人才合理流动，个人可以申请向当时蓬勃发展的乡镇企业流动，也可以在国家优惠政策的鼓励下向边远贫困地区发展。1988年，中组部、人事部联合下发《关于加强流动人员人事档案管理工作的通知》的文件，规定流动人员人事档案的管理按照人事管理权限，统一由党委组织部门、政府人事部门及其所属的人才流动服务中心等机构负责。1966年，中组部、人事部联合印发《流动人员人事档案管理暂行规定》的文件，对流动人员的档案管理做了更明确、更详细的规定。

员，商业、服务业人员，农林牧渔水利生产人员，生产、运输设备操作人员及有关人员，军人，不便分类的其他从业人员。军人是非常特殊的一类，其余的类别虽然不像职业性质"好""坏"如此清晰，但是人们对于国家机关、企事业负责人这类"好工作"和商业、服务业人员这类"差工作"的认定还是非常明确的。

4.1.1 职业分割的特点

二元劳动力市场分割可以分为强分割、弱分割和无分割三类。中国劳动力市场分割状况的实证研究结果更支持弱分割：在中国，无论在主要劳动力市场还是在次要劳动力市场，受教育年限和工作年限与劳动者的收入具有显著正相关关系，但主要劳动力市场受教育年限和工作年限的提高对劳动者收入的作用要大于次要劳动力市场[①]。20 世纪 90 年代，随着劳动力市场改革，雇佣方式比从前的统一的国有企业"铁饭碗"逐渐丰富，不同的雇佣方式带来了不同程度的职业分割。掌握更多社会资源且拥有更高收入的主要劳动力市场职业对劳动者受教育水平的要求也越来越高。20 世纪 90 年代，国家建立了一系列

---

① 郭丛斌. 教育与代际流动 [M]. 北京大学出版社，2009：54.

技术证书制度，如注册会计师证、律师资格证、报关员证等，具备这些证书也成为相关行业的基本条件之一，而获得这些证书是以接受过较高层次教育为基础的（李强，2004）。当今国家和地方公务员考试、事业单位或国企、央企招聘正式员工都以大学本科为投简历的基本条件，尤其是北京、上海等大城市的很多部门、岗位最低要求受教育程度为博士研究生。这些典型的"好工作""金饭碗"均是收入较高的主要劳动力市场职业，它们对劳动者受教育程度要求的提高，使职业层面的主要和次要劳动力市场劳动者平均受教育水平差距拉大，反过来让学历带来的分割也更为明显。

4.1.2　"好工作"与"差工作"的形成

在计划经济时代，劳动力资源配置通过国家计划实施，所有劳动力被分成"干部""工人"和"农民"三类，由于户籍制度的严格限制，农民除了当兵入伍提拔成"干部"或是考上大学分配工作成为"干部"这两条途径外，几乎没有改变身份的可能。城镇劳动力则是依据初次就业单位性质来划分身份的，而且这种划分是一次定终身。虽然身份不一样，"干部"的社会经济地位要高于"工人"，但是他们的收入差异不大，按各自身份的级别获得工资，其他形式的报酬和收入也几乎没有，并且他们都同样享受终身雇佣和社会福利，都是"铁饭碗"。但在市场经济推行了近 20 年并不断改革不断完善的今天，情形就大不一样了。尽管近些年来人事代理制度在努力改变过去给劳动者的身份划分，要取消"干部"一说，可是只要是大专院校毕业生（即有高等教育的学历）就能接受地方人才交流中心的人事管理，其人事档案自动定为"干部"，属于国家人力资源和社会保障部管辖。反之，没有大学学历的劳动者就由地方劳动力市场部门管理，他们基本上没有档案，身份定义非常模糊，城镇户籍的定义为"工人"，农村户籍的被定义为"农民工"，属于国家劳动和社会保障部管辖。

从表 4 - 1 我们可以看出：第一，固定工、长期合同工这两种性质的"好工作"在高学历和低学历者中都是比例最高的，2007 年、2008 年都超过了 20%，但具有大学学历的高学历劳动者比例均显著高于低学历劳动者，尤其是高学历劳动者固定工的比重两年都保持在 40% 左右，而低学历劳动者成为固定工就业的人数比重仅在 25% 左右。由于市场化改革的变化，固定工岗位增加同比减少，不同学历者进入固定工的比例也都下降，但低学历者下降更快；而与之相对应的是长期合同工比例增加，可以看出高学历者上升得更快。说明高等教育学历背景对劳动者进入"好工作"的机会仍在增长而不是随着劳动力市场化改革减弱。第二，自我经营者的比例近年来不断增加，这跟国家鼓励劳动者创业是有密切联系的。一方面缓解大学毕业生就业压力，另一方面也鼓励其他劳动者加入创业者的队伍，创业带动更多的就业。低学历者自我创业的比例相对高学历者而言比较高，并且增加的速度也更快。第三，除上述三类性质的职业外，高学历者在不稳定的"差工作"岗位的比例都要低于低学历者，而且前者比例在下降，后者却有几类的职业比例在上升，如"无合同临时"和"打零工"。这也说明，高等教育学历给不同劳动者带来的职业分割越来越明显。

表 4 - 1　　　　　　2007 年、2008 年城镇劳动力不同职业性质分布

职业性质	高学历				低学历			
	2007 年		2008 年		2007 年		2008 年	
	人数	比例（%）	人数	比例（%）	人数	比例（%）	人数	比例（%）
固定工	1144	41.23	1185	39.70	1081	26.39	903	23.08
长期合同工	1270	45.77	1490	49.92	1624	39.65	1665	42.56
短期合同工	127	4.58	84	2.81	326	7.96	185	4.73
无合同临时工	117	4.22	4	3.48	445	10.86	495	12.65
不领工资的家庭帮工	0	0.00	0	0.00	8	0.20	0	0.00

职业性质	高学历				低学历			
	2007 年		2008 年		2007 年		2008 年	
	人数	比例（%）	人数	比例（%）	人数	比例（%）	人数	比例（%）
自我经营	84	3.03	102	3.42	447	10.91	512	13.09
打零工	21	0.76	11	0.37	139	3.39	141	3.60
其他	12	0.43	9	0.30	26	0.63	11	0.28

注：为了保证数据有效性，我们对 2007 年、2008 年中国住户收入调查数据进行了筛选，选取收入大于 0、年龄为 16~60 岁的男性样本和年龄为 16~55 岁的女性样本，并剔除了问卷填答中出现的职业性质、职业种类小于或等于 0 的个体，最后得到 2007 年有效样本 6642，2008 年有效样本 6712。以下若无特别说明，2007 年、2008 年情况数据均来自该样本。

资料来源：2007 年、2008 年中国住户收入调查数据（CHIP）。

表 4-2 列出了 2007 年、2008 年城镇劳动者分职业种类的平均年收入、平均受教育年限、固定工和长期合同工占本职业种类总人数的比重情况。通过观察我们发现：

第一，固定工这种稳定的"好工作"在职业种类里面分布最高的是国家、企事业单位负责人和军人，均超过六成。军人比较特殊，而国家、企事业单位负责人是"好工作"的典型代表，虽然市场化改革不断深入，但 2007 年至 2008 年这类职业的固定工和长期合同工比例仍保持上升，因为即使改革，也

表 4－2　2007 年、2008 年城镇劳动力不同职业种类情况

职业种类	平均年收入		平均受教育年限		固定工占本职业种类总人数比重（%）		长期合同工占本职业种类总人数比重（%）	
	2007 年	2008 年	2007 年	2008 年	2007 年	2008 年	2007 年	2008 年
国家机关、企事业单位负责人	39894.03	47613.01	13.05	13.91	63.60	68.72	24.34	25.13
专业技术人员	33296.77	40324.96	13.42	13.93	42.67	40.05	46.89	50.92
办事人员和有关人员	27993.59	33556.72	12.73	13.02	36.25	36.13	49.97	52.36
商业、服务业人员	21518.69	24680.29	11.06	11.08	10.34	7.76	38.13	43.54
农林牧渔水利生产人员	26535.90	27031.98	11.70	11.00	37.50	39.13	30.00	32.61
生产设备操作人员及有关人员	22319.30	24589.62	10.80	10.80	36.65	35.46	44.35	49.10
军人	39068.57	45971.14	14.06	13.26	74.29	78.57	8.57	4.76
不便分类的其他从业人员	19809.38	21854.26	10.83	10.93	15.26	15.27	32.80	29.87

没有改变公务员的收入和工作条件，"好工作"仍是"好工作"，这用来作为解释当今国家公务考试为何成为大学毕业生就业首选的原因之一是非常合乎情理的。反之，商业、服务业人员中固定工的比例就非常低，2007年该职业种类有一成以上固定工，仅一年之后，就下降到7.76。中国封建社会几千年流传的传统观念"有出息便不伺候人"，在此也有或多或少的印证。

第二，不同职业种类间的收入差距在扩大。2007年职业的最高年平均收入为39894元，最低为19809元，前者是后者的2.01倍，2008年对应的数据为47613元、21854元、2.18倍。最高收入的职业一直都是国家机关、企事业单位负责人，最低收入的职业始终是不便分类的其他从业人员，一方面收入在增加，另一方面收入差距也在增加，"好工作"与"差工作"不仅存在，二者之间的差距还在不断扩大。

第三，教育投资回报率的差异。2007年至2008年平均受教育年限在8类职业中的变化是：前三类明显提高，后五类或者微弱提高或者没有提高，甚至下降；与之对应的职业平均收入都在增加。前三类职业分别是国家机关、企事业单位负责人，专业技术人员，办事人员和有关人员，是社会公认的"好工作"，这些职业所吸纳的高学历劳动者较多；后4类（除军人比较特殊暂不分析以外）是工作环境、工资待遇等逐渐次之的差一些的工作，吸纳的低学历劳动者更多。这也说明，教育投资回报率在"好工作"的职业部门有显著的正效应，在"差工作"的职业部门正效应不显著，甚至呈现负效应。

第四，依据表 4 - 2 的统计数据计算平均年收入、平均受教育年限和固定职工比重的皮尔逊相关系数，得到表 4 - 3。考察固定工比重这一指标与其他两项指标的相关系数和显著性水平。平均年收入与固定工比重在两个年份均显著正相关，但 2008 年相关系数低于 2007 年，说明固定工的职业身份对收入的影响比较高，但这种影响随着市场化改革的深入逐渐减弱。

表 4 - 3　　平均收入、平均受教育年限、固定工比重相关系数

	平均年收入	平均受教育年限	固定职工占本职业种类总人数比重
2007 年			
平均年收入	1.0000		
平均受教育年限	0.9040	1.0000	
	0.0000		
固定职工占本职业种类总人数比重	0.8657	0.7180	1.0000
	0.0000	0.0000	

	平均年收入	平均受教育年限	固定职工占本职业种类总人数比重
2008 年			
平均年收入	1. 0000		
平均受教育年限	0. 9594	1. 0000	
	0. 0000		
固定职工占本职业种类总人数比重	0. 8185	0. 7130	1. 0000
	0. 0000	0. 0000	

最后一组简单而直观的数据同样能说明问题，根据 CHIP 入户调查数据，2008 年城镇已就业的劳动者中，低学历人员积极寻找另一份工作的比例为 12.79%，高于高学历人员的 10.53%。积极寻找另一份工作是基于对目前这份工作的不满，工作报酬不高或者期望更高，福利待遇较差，工作环境差，劳动强度大，流动性强等。按照西蒙的行为金融理论观点，理性的投资者人从概率上来讲，大多数属于风险规避者，也就是说，如果目前的工作是一份稳定的"好工作"，大多数劳动者没有动力积极寻找另一份工作。以上数据至少能说明，2008 年在城镇就业的低学历劳动者比高学历劳动者更多的从事"差工作"，故而才会有更多的低学历劳动者有动力积极寻找另一份

工作。"好工作"与"差工作"在不同学历劳动者之间不仅存在，并且的确带来实际的影响，这种影响我们可以理解为劳动力市场的学历分割（如图 4 - 1 所示）。

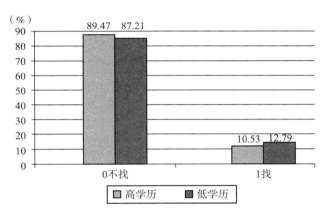

图 4 - 1　2008 年城镇就业人员寻找另一份工作的比例

4.1.3　职业中的学历分割

高考制度带来的高等教育学历分割也体现在职业分割中。通常的情况是，"好工作"雇佣方式稳定、连续，晋升机制成熟，晋升机会多，并且对应着高收入、高社会保险和福利。现在的"好工作"更多由有大学文凭的人获得，低学历劳动者甚至连机会都没有。现在中国社会普遍流行和承认的一种观点是：就业单位最好的是政府机关，其次是事业单位，再次是企业，企业里面以国有的央企、国企为"好工作"典型代表，再后便是世界排名靠前的外企或经济实力很强的一些民企和私企，除此之外，其余的企业或者个体经营那都是不稳定的"差工作"，好的部门里面最好的是固定工，其次是长期合同工，那些在好部门从事临时性工作的照样是"差工作"。社会普遍对"好工作"和"差工作"的清晰认可，以及这两类工作回报与福利的差异和流动障碍，也就实际形成了一个劳动力市场上高学历就业岗位和低学历就业岗位的职业分割。

　　一般来说，劳动合同关系越稳定或者合同约定的时间越长，越是"好工作"；反之，则是"差工作"。同时，好工作还对应着高工资、高福利和高晋升机会。从表4-4和表4-5不难发现，高学历劳动者无论从事哪种职业，即使是流动性较强的商业、服务业和收入较差的农林牧渔水利业，他们占据各个职业固定工或长期合同工岗位的比重都非常高，2008年最低水平都达到了72.38%。而在职业收入高、工作稳定性强的国家机关党群组织、企事业单位负责人和专业技术人员，高学历人员以固定工身份或长期合同工身份入职的比例更是高得惊人，两年均在90%以上，且从2007年至2008年该比值还在提升。

表 4 - 4　2007 年、2008 年高学历劳动者不同职业种类情况

职业种类	平均年收入		平均受教育年限		A 固定职工占本职业种类总人数比重（%）		B 长期合同工占本职业种类总人数比重（%）		A + B	
	2007 年	2008 年	2007 年	2008 年	2007 年	2008 年	2007 年	2008 年	2007 年	2008 年
国家机关党群组织、企事业单位负责人	43212.92	50061.74	14.60	15.01	70.57	71.94	23.41	24.10	93.98	96.04
专业技术人员	37787.44	44452.37	15.11	15.20	45.31	42.09	48.40	52.36	93.72	94.45
办事人员和有关人员	32504.19	39225.54	14.64	14.76	38.61	39.49	51.16	52.61	89.77	92.10
商业、服务业人员	26701.68	32060.53	14.83	14.78	16.11	12.53	49.17	59.85	65.28	72.38
农林牧渔水利生产有关人员	29858.18	31650.46	15.45	14.54	45.45	30.77	18.18	53.85	63.64	84.62
生产设备操作人员及有关人员	26903.00	29363.12	14.25	14.45	38.46	34.78	49.36	54.35	87.82	89.13
军人	45475.00	52199.63	14.79	14.28	79.17	90.63	8.33	3.13	87.50	93.75
不便分类的其他从业人员	23815.92	28082.82	14.59	15.01	19.42	26.09	40.78	40.87	60.19	66.96

表4—5　　　2007年、2008年低学历劳动者不同职业种类情况表

职业种类	平均年收入		平均受教育年限		C临时或短期工占本职业种类总人数比重（%）		D帮工、自营或零工合同工本职业种类总人数比重（%）		C + D	
	2007 年	2008 年	2007 年	2008 年	2007 年	2008 年	2007 年	2008 年	2007 年	2008 年
国家机关党群组织、企事业单位负责人	33807.09	40113.33	10.21	10.68	7.01	3.03	14.62	9.09	21.63	12.12
专业技术人员	26001.48	30753.03	10.58	10.96	11.54	9.24	5.86	8.40	17.40	17.64
办事人员和有关人员	22682.60	25904.50	10.64	10.67	13.71	14.47	4.03	2.76	17.74	17.23
商业、服务业人员	19878.37	22213.31	9.89	9.94	27.37	24.85	28.43	30.21	55.80	55.06
农林牧渔水利生产人员	24845.03	25212.58	10.03	9.61	25.81	27.27	6.45	6.06	32.26	33.33
生产设备操作人员及有关人员	21499.98	23775.96	10.17	10.22	13.59	9.77	6.17	6.21	19.76	15.98
军人	25090.91	26040.00	12.30	10.00	9.09	50.00	9.09	0.00	18.18	50.00
不便分类的其他从业人员	18392.52	19858.51	9.69	9.56	30.46	26.84	23.85	34.46	54.31	61.30

从收入上来看，高学历劳动者虽然收入高，其收入差距却要比低学历劳动者小。以 2008 年为例，高学历劳动者平均年收入最高为 52199.63 元，最低为 28082.82 元，前者是后者的 1.86 倍，收入基尼系数为 0.11300；同年低学历劳动者平均收入最高为 40113.33 元，最低为 19858.51 元，前者是后者的 2.02 倍，收入基尼系数为 0.11490（如表 4 - 6 所示）。同时，低学历劳动者在各个职业种类上的年平均收入均低于高学历劳动者，这其中有显著贡献的是教育水平，比较特殊的军人，2008 年高学历军人平均收入是低学历军人的 2 倍，两者平均受教育年限相差 4 年多，而且低学历军人雇佣方式为短期工或临时工的劳动者占比高达 50.03%，这说明高等教育学历虽然不排斥低学历劳动者进入好的职业种类，但是却更多地把他们排斥在好的雇佣方式外，短期工或临时工对应的是低收入、低社会福利和少的晋升机会。

表 4 - 6　　　　　不同学历劳动者收入基尼系数

年份	高学历劳动者		低学历劳动者	
	2007	2008	2007	2008
基尼系数	0.10748	0.11300	0.10950	0.11490

从受教育水平来看，2008 年城镇劳动者平均受教育年限为

12. 31 年，低学历劳动者的平均受教育年限只有 10. 26 年，表4－5 显示出在各类职业中就业的低学历劳动者平均受教育年限最高为 10. 96 年，低于整体平均水平，更远低于高学历劳动者的受教育水平。其结果低学历劳动者只能在"差工作"中就业。

我们不妨也比较一下不同学历劳动者的工作时间（如图4－2 所示）。按照国家的有关规定①，每周工作 40 小时为法定时间，但在实际中，并不是所有劳动者都能享受带薪的法定双休日。62. 76% 的高学历劳动者每周工作 40 小时，此外还有10. 57% 高学历者工作时间更短，即符合国家法定工作时间标准的比例是 73. 33% 。低学历劳动者的这一比例为 53. 5% ，也就是说低学历劳动者有将近一半工作时间超过国家法定标准，但他们获得的收入却并不比工作时间更短的高学历劳动者高，而是更低，这一点我们可以在表 4－4 和表 4－5 中的平均年收入数据中得到证实。

另外，低学历劳动者在商业、服务业这类职业上分布的短期工或临时工也相对较多。无论是哪一类职业，其进入本身不存在绝对的学历歧视或分割，是由于每一类职业尚有"内部"与"外部"之分，比如国家公务人员，内部人员设定定编定岗，

---

① 1995 年国务院令第 174 号文件《国务院关于职工工作时间的规定》第三条规定："职工每日工作 8 小时，每周工作 40 小时。"

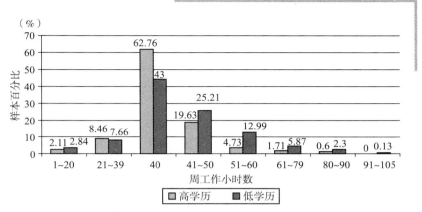

图 4 - 2　高学历者与低学历者工作时间对比

编内人员与工作单位是最强的雇佣关系，也就是固定工；次强的是长期合同工，由于编制限制或是学历原因无法将劳动者纳入内部，但是保持长期雇用，基本不会解聘，甚至有机会还能"转正"；最弱是短期工或临时工，他们与单位关系很弱，并不属于这个单位的正式员工，很多属于一次性雇佣关系，他们的人事档案不由该单位管理，甚至很多人根本没有人事档案，工作待遇较之固定工也有很大差别。而如此差别很显然地形成了一种劳动力市场上的分割，强关系的属于单位内部人，处于主要劳动力市场，弱关系的属于单位外部人，处于次要劳动力市场，这种分割有一个基本的区分来自大学学历，并不是有大学学历的人都能进入内部，但至少有准入资格，而没有大学学历的人连准入资格都没有。

4.2

行业分割中的"金饭碗"与"瓷饭碗"

按照国家统计局的分类标准，我们将行业种类划分为20类，分别是：（1）农林牧渔业；（2）采矿业；（3）制造业；（4）电力、燃气及水的生产和供应业；（5）建筑业；（6）交通运输、仓储和邮政业；（7）信息传输、计算机服务和软件业；（8）批发和零售业；（9）住宿和餐饮业；（10）金融业；（11）房地产业；（12）租赁和商务服务业；（13）科学研究、技术服务和地址勘查业；（14）水利、环境和公共设施管理业；（15）居民服务和其他服务业；（16）教育；（17）卫生、社会保障和社会福利业；（18）文化、体育和娱乐业；（19）公共管理和社会组织；（20）国际组织。因为行业特点、归属、性质和其发展各异，有些行业收入水平高，有些行业收入水平低，其中有着超额垄断利润的垄断行业的工作，则像是"金饭碗"一样，不仅摔不碎，更是价值不菲。以岳希明、李实、史泰丽（2010）的研究为基础，根据垄断的定义和市场实际情况，可以认为，电力、燃气及水的生产和供应业，交通运输、仓储和邮政业，金融业，以及房地产业是垄断行业"金饭碗"的典型代表。而建筑业，批发零售业，住宿餐饮业，以及居民

服务和其他服务也是竞争行业"瓷饭碗"的典型代表，这几类
行业竞争性强，劳动者工作压力和强度非常大，工作环境和条
件相对艰苦，而收入和社会福利并不比垄断行业高，通常的情
形是更低。更重要的是，这类工作灵活性较强，同一个企业内
部的员工之间效率竞争很强，没有完成绩效或者完成的不好，
随时可能被替代性解雇。同一行业内部的企业之间竞争也很激
烈，稍有不慎可能企业解散，员工同样面临失业风险。并且竞
争性行业缺乏各种保护，国际经济形势等都可能对其产生致命
性打击，所有这些，让从事这类行业工作的劳动者感觉自己手
捧"瓷饭碗"，稍有不慎便会碎。

4.2.1　行业分割的描述

在劳动力市场分割及衍生的社会不平等这一研究领域，城
乡分割和"国有—非国有"部门分割一直是主要关注点（蔡昉
等，2001；李建民，2002；李培林，1996；李强，2000），也
有研究提出，20 世纪 90 年代以来，城乡分割、部门分割在不
断弱化，向非国有企业开放的产业与国有单位构成的垄断行业
所构成的分割已经成为劳动力市场分割的主要形式，即劳动力
所有制分割逐渐向行业分割演化（张展新，2004；聂盛，
2004；王大鹏，2006；晋利珍，2009）。

郭丛斌通过计算行业受益指数将 19 个行业分为三类：高收益、中收益和低收益行业，并证明了中国存在较为明显的高收益、中收益和低收益行业的劳动力市场分割。三类行业的平均受教育年限、收入、年龄和工作年限存在显著差异。高收益行业劳动者的受教育年限和收入高于中、低收益行业，而其年龄和工作年限则低于中、低收益行业。人力资本投资在高收益行业的收益最大，中收益行业的收益次之，在低收益行业的收益最小。研究进一步发现，与低收益行业相比，国家对高收益和中收益行业中的电气、燃气及水的供应业，交通运输和邮政业等行业部门的扶持力度相对较大，这使得这些行业部门具有较高的垄断利润，其从业人员的收入也相对较高，这些行业也因其收入较高而能够吸引大量高学历劳动者。另外，信息传输和计算机业，科学研究、技术服务和地质勘查业，教育，卫生、社会保障和社会福利业等收入较高的行业，其行业本身的性质一般要求从业人员接受过较高程度的教育。以上两种因素使得高、中、低收益行业之间的平均受教育程度和收入存在较大差距，同时也使得人力资本投资收益在三类行业之间存在显著差异①。劳动者在垄断行业存在的市场中寻找工作，存在着垄断利润或是行业本身性质所决定的高收入行

---

① 郭丛斌. 教育与代际流动 [M]. 北京大学出版社，2009：55 – 56.

业的工作，便成为"金饭碗"的典型代表，它们对劳动者受教育程度的高要求不仅顺应了这种分割，也从某种程度上带来了分割。

4.2.2　"金饭碗"与"瓷饭碗"的出现

破除劳动力市场所有制分割的过程是市场化改革的过程，也是带来行业分割的过程，所以改革是渐进的而无法完美的。我们按照国家统计局划分行业的标准对 CHIP2007 年和 2008 年城镇样本进行了选择性删除，除了按照 4.1 节中的方法得到两个年份的有效样本以外，为了保证研究的有效性，我们只选取样本数大于 200 的行业进行行业比较和后续的行业情况分析。对于样本量较少的行业，并不进行归为一类的处理，因为通过仔细观察行业样本分布情况，发现样本量大于 200 的行业有 13 个，基本包括了竞争性行业、垄断行业、公共管理部门，和政府部门这四类典型的行业，足够完成本书的研究。因此，以下若无特别说明，涉及的行业分析均取自此样本。

从表 4 - 7 中我们可以读出以下信息：第一，城镇劳动力总体来看，不同行业之间的平均收入差距很大。2007 年最高为信息传输、计算机服务和软件业 35821.76 元，比最低的居民服务和其他服务业 17707. 21 元高出 18114. 55 元，前者是后者的 2. 02 倍。2008 年最高的金融业 45024. 00 元，比最低的居民服务和其他服务业 19802. 54 高出 25221. 46 元，前者是后者的 2. 27 倍。第二，高等教育学历背景扩大了行业收入差距。2007 年高学历劳动者行业平均收入最高的是信息传输、计算机服务和软件业 41050. 59 元，低学历劳动者行业平均收入最低的是居民服务和其他服务业 16232. 02 元，两者相差 2. 53 倍。2008 年差距更大，这两个数分别是 52232. 85 元、17872. 55 元，二者相差 2. 92 倍。高学历对应高收入，低学历接受低收入，从某种程度上，高等教育学历不仅顺应了行业分割，并且扩大了这种分割。当然，每一个行业高学历劳动者与低学历劳动之间收入差异也不尽相同，即行业年平均收入依据学历高低和受教育年限增加而增加的幅度有差异，反映出行业对劳动力的定价原则基本一致，但实际定价水平有行业差异。

表 4 - 7 　　　　　　　2007 年、2008 年城镇劳动力不同行业收入情况

行业	全体样本年均收入		高学历年均收入		低学历年均收入	
	2007 年	2008 年	2007 年	2008 年	2007 年	2008 年
制造业	26169. 82	29859. 01	34177. 73	38330. 02	22338. 66	25765. 05
电力燃气及水的生产和供应业	32199. 38	32404. 26	37655. 32	41542. 77	28038. 73	25928. 62

续表

行业	全体样本年均收入		高学历年均收入		低学历年均收入	
	2007 年	2008 年	2007 年	2008 年	2007 年	2008 年
建筑业	29304.87	37047.37	34992.77	40504.06	25833.04	34286.66
交通运输、仓储和邮政业	25854.80	30651.68	31475.40	38888.48	24064.28	27375.59
信息传输、计算机服务和软件业	35821.76	41011.00	41050.59	46853.06	26991.95	26028.00
批发和零售业	25214.43	28490.55	34822.96	39120.44	21746.35	25062.06
住宿和餐饮业	20043.87	22594.05	30051.43	34877.50	17910.27	19616.24
金融业	34288.89	45024.00	37886.10	52232.85	27006.73	25472.73
租赁和商业服务业	26261.07	30309.27	33519.86	39013.64	22289.28	23709.88
居民服务和其他服务业	17707.21	19802.54	21711.30	24041.64	16232.02	17872.55
教育	30491.41	34060.37	33024.14	36684.84	22429.90	22568.36
卫生、社会保障和社会福利业	28019.02	34095.89	30474.26	38442.45	24998.87	25733.94
公共管理和社会组织	32418.64	39344.08	36491.72	46010.48	25067.81	27187.59

　　表4－8 统计了 2007 年、2008 年城镇劳动力不同行业的平均年收入、平均受教育年限和国有职工比例情况，国有职工占本行业总人数的比重用来测量行业内部部门分割的程度，表4－9

则计算了三者之间的相关系数矩阵，从中可以看到：

第一，2007 年收入水平与受教育程度具有明显相关性，相关系数达到 0.8324；收入水平与国有职工比重的相关系数为 0.4798，说明行业内国有化率对收入水平的影响不大。尽管如此，高人力资本的劳动者还是倾向于向国有部门流动，这显示了国有部门工作稳定性对劳动者的吸引力仍是非常强的，这也符合目前广大劳动者的择业心理：即使收入不是特别丰厚，但工作稳定，社会福利和保险完善，是难得的"铁饭碗"。因此，在国有部门工资优势并不明显的情况下，国有职工比重与受教育程度也是密切相关的。

第二，2008 年收入水平与受教育程度仍然是显著相关的，但相关程度较之 2007 年有所下降，相关系数为 0.7669，二者之间仍然是正相关关系，但是教育水平对收入水平的影响在减弱；相反，收入水平与国有职工比重系数上升为 0.4958，非常接近 0.5，说明基本上行业内部国有化比率越高，带来的行业收入水平提高越来越明显，这也说明行业内部的行政分割更加严重了；在此情况下，高人力资本的劳动者也更加向国有部门倾斜。因此，国有职工比重与受教育程度密切相关，且相关系数在变大。

表 4 – 8   **2007 年、2008 年城镇劳动力不同行业情况**

行业	全体样本年均收入		平均受教育年限		国有职工比例*	
	2007 年	2008 年	2007 年	2008 年	2007 年	2008 年
制造业	26169.82	29859.01	11.82	11.82	43.40	45.91
电力燃气及水的生产和供应业	32199.38	32404.26	12.27	12.07	70.49	56.21
建筑业	29304.87	37047.37	12.06	12.24	35.89	39.92
交通运输、仓储和邮政业	25854.80	30651.68	11.30	11.67	61.90	65.41
信息传输、计算机服务和软件业	35821.76	41011.05	13.75	14.12	29.48	37.29
批发和零售业	25214.43	28490.55	11.26	11.26	15.06	12.70
住宿和餐饮业	20043.87	22594.05	10.58	10.91	13.92	19.10
金融业	34288.89	45024.00	13.42	13.80	64.92	66.12
租赁和商业服务业	26261.07	30309.27	11.90	12.40	15.54	11.53
居民服务和其他服务业	17707.21	19802.54	11.07	11.39	39.60	40.78
教育	30491.41	34060.37	14.13	14.66	90.38	86.76
卫生、社会保障和社会福利业	28019.02	34095.89	12.94	13.27	80.16	77.52
公共管理和社会组织	32418.64	39344.08	13.03	13.26	92.81	90.91

注：*国有职工比例的计算，指每个行业对应的所有制性质为党政机关、国家、集体事业单位，国有独资企业或国有控股企业的样本数占该行业样本总数的比例。

表 4 - 9　　　平均收入、平均受教育年限、国有职工比重相关系数

	平均年收入	平均受教育年限	固定职工占本职业种类总人数比重
2007 年			
平均年收入	1.0000		
平均受教育年限	0.8324	1.0000	
	0.0000		
国有职工占本行业总人数比重	0.4798	0.6356	1.0000
	0.0000	0.0000	
2008 年			
平均年收入	1.0000		
平均受教育年限	0.7669	1.0000	
	0.0000		
国有职工占本行业总人数比重	0.4958	0.6454	1.0000
	0.0000	0.0000	

4.2.3　行业中的学历分割

各个行业内在要求和发展不一样，其设置工作岗位的原则也会不一样，因而各个行业吸收的高学历劳动者和低学历劳动者比例不相同。行业中的学历分割至少可以从两个方面来体现：第一，高学历劳动者更多地分布在垄断性行业就业；第二，同一行业中的高学历劳动者收入明显高于低学历劳动者，表 4 - 10 统计了 2007 年城镇劳动力在各行业的就业分布和收入情况，也向我们证实了这一推论。按照岳希明、李实（2010）对中国各部门的分类，电力、燃气及水的生产和供应业，交通运输、仓储和邮政业，以及金融业属于垄断性行业；建筑业，批发零售业，住宿餐饮业，以及居民服务和其他服务属于竞争性行业。首先，从就业分布①来看，低学历劳动者分布密集的是制造业、批发和零售业、居民服务和其他服务业，均属于典型的竞争性行业。其次，从行业收入来看，高学历劳动者在制造业分布也非常密集，但他们的平均收入为 34177.73 元，是同样在该行业密集分布的低学历劳动者平均收入 22338.66 元的 1.5 倍多。低学历就业者分布在交通运输、仓储和邮政业这类典型的垄断行业也非常密集，为 12.03%，比高学历劳动者在该部门的分布 5.59% 高 2 倍多，但是其收入却明显低于高学历劳动者。这就说明，对于吸纳劳动力较多的行业，无论是竞争性行业还是垄断性行业，如果不考虑工作经验因素的影响，其收入机制制定上已经非常明确地区分出高学历与低学历劳动者。

① 就业分布指的是劳动者在总人数在该行业上的分布，如"制造业的高学历就业分布"，指高学历劳动者在制造业工作的人数占高学历劳动者总人数的比重。

表4-10　2007年城镇劳动力在各行业的就业分布和收入情况

行业	平均就业分布（%）	平均收入	高学历就业分布（%）	高学历平均收入	低学历就业分布（%）	低学历平均收入
制造业	18.05	26169.82	14.36	34177.73	20.59	22338.66
电力、燃气及水的生产和供应业	3.69	32199.38	3.92	37655.32	3.53	28038.73
建筑业	3.73	29304.87	3.48	34992.77	3.91	25833.04
交通运输、仓储和邮政业	9.41	25854.80	5.59	31475.40	12.03	24064.28
信息传输、计算机服务和软件业	4.29	35821.76	6.62	41050.59	2.69	26991.95
批发和零售业	13.11	25214.43	8.55	34822.96	16.25	21746.35
住宿和餐饮业	3.60	20043.87	1.55	30051.43	5.00	17910.27
金融业	3.73	34288.89	6.14	37886.10	2.08	27006.73
租赁和商业服务业	3.70	26261.07	3.22	33519.86	4.04	22289.28
居民服务和其他服务业	10.57	17707.21	6.99	21711.30	13.02	16232.02
教育	5.16	30491.41	9.66	33024.14	2.08	22429.90
卫生、社会保障和社会福利业	3.79	28019.02	5.14	30474.26	2.87	24998.87
公共管理和社会组织	7.95	32418.64	12.55	36491.72	4.77	25067.81

从行业平均报酬来看，行业平均报酬低于全国平均劳动报酬的部门均是低学历劳动者就业分布集中的部门。批发和零售业，住宿和餐饮业，居民服务和其他服务业的行业平均收入均低于全国平均劳动报酬，尤其是后两类部门收入水平非常低，是所统计行业中最低的，而低学历劳动者在这三类部门就业比重达到 35.52。行业平均报酬最高的部门均是高学历劳动者就业分布密集的部门。信息传输、计算机服务和软件业，金融业，公共管理和社会组织的行业平均水平都超过全国平均劳动报酬的 10000 元以上，这三类行业中高学历者就业分布的比重也明显超出低学历者的水平，后者与前者之比分别是 0.50、0.48、0.63（如表 4 – 11 所示）。

表 4 – 11　　　2008 年城镇劳动力在各行业的就业分布和收入情况

行业	平均就业分布（%）	高学历就业分布（%）	低学历就业分布（%）	低学历就业分布/平均就业分布	行业平均收入－全国平均劳动报酬
制造业	16.96	12.66	20.25	1.19	961.01
电力、燃气及水的生产和供应业	3.81	3.62	3.97	1.04	3506.26
建筑业	3.96	4.03	3.91	0.99	8149.37
交通运输、仓储和邮政业	9.01	5.89	11.43	1.27	1753.68

续表

行业	平均就业分布（%）	高学历就业分布（%）	低学历就业分布（%）	低学历就业分布/平均就业分布	行业平均收入－全国平均劳动报酬
信息传输、计算机服务和软件业	4.48	7.38	2.23	0.50	12113.05
批发和零售业	13.27	7.41	17.84	1.34	－407.45
住宿和餐饮业	3.64	1.62	5.20	1.43	－6303.95
金融业	3.62	6.06	1.73	0.48	16126.00
租赁和商业服务业	3.98	3.93	4.02	1.01	1411.27
居民服务和其他服务业	10.58	7.58	12.92	1.22	－9095.46
教育	5.25	9.78	1.73	0.33	5162.37
卫生、社会保障和社会福利业	4.54	6.84	2.76	0.61	5197.89
公共管理和社会组织	7.80	11.54	4.91	0.63	10446.08

注：2008年全国平均劳动报酬为28898元，之所以采用2008年的数据，是因为本表使用的2009年中国住户收入调查数据是上一年度即2008年的。

劳动者就业的行业分割中高等教育学历所形成的障碍非常明显，李毅（2008）将高考、户籍和单位制看作中国社会分层的三个主要体制，并认为随着户籍制度的松动和单位制的衰退，高考对社会分层的影响会越来越重要。瓦德（Walder，2000）研究也说明，高等教育学历对获得管理和专业技术精英职业，以及党员身份的正面作用自 1949 年以来持续上升，在 1988 年以后更加明显。吴愈晓（2011）通过对 1990 年和 2000 年人口普查微观数据的计算，发现 1990 年管理类和专业技术类职业 20～50 岁的劳动者中，大专以下学历比例为 78.5%，而到 2000 年，该比例迅速下降至 58.9%，并计算出 2009 年这个数字更大幅度下降。

4.3

劳动力市场学历二元分割的提出

从上述职业分割和行业分割的描述可以看出，没有高等教育学历的劳动者首先相对有高等教育学历劳动者更多的进入收入低、流动性强、工作条件艰苦、社会福利和保险不完善的职业或行业就业，其次进入收入高、稳定性强、工作条件优越、社会福利和保险完善的职业或行业就业的低收入者，大部分在这些部门里又被二度分化成为与单位关系很弱的"外部人"，对应他们的同样是相对的低收入、低福利和高灵活性。也就是说"好工作"与"差工作"，"金饭碗"与"瓷饭碗"其实都是跟劳动者工作的职位密切相关的，好的职业部门也有差的职位，只是差职位比例比较少，差的职业部门也有好的职位，只是好职位的比例比较少。行业中的情况也是一样的。所以，职位是构成劳动力市场需求的最基本要素，就业的过程是将个体劳动力配置到具体工作岗位（即职位）的过程，从职位的角度来分析中国劳动力市场学历分割问题符合中国的实际国情，同时也符合经典的二元劳动力市场分割理论（Doeringer & Piore，1971；Piore，1975）。

该理论也是从"职位配置"角度分析劳动力市场分割，职位按照雇佣稳定性严格区分为主要劳动力市场和次要劳动力市场两个部分，其中内部劳动力市场的全体构成主要市场，其工资由显性或隐性的组织规则决定；外部劳动力市场的全体构成次要市场，其工资由劳动力的供求状况决定。主要市场的特点是工作稳定、收入高、社会福利高，职业发展前景好，教育回报率明显；次要市场与之相反，工作不稳定，收入低，社会福利待遇很差，职业灵活性很强，晋升和提拔机会少，教育回报非常低，甚至没有。该理论同样适应于中国，不同的是，中国的两级分割中，教育在主要劳动力市场的回报率要高于次要劳动力市场，如城乡差异就非常明显（姚先国、张海峰，2004）。中国有由经济发展水平不平衡所造成的地区性分割，有因行业发展特征差异带来的行业分割，还有以中国特有的户籍制度、所有制制度为鲜明特色的城乡分割和所有制部门分割，上述四种分割交融并错。同时，随着社会各种资源的分化，教育本身从某种层面上也成为劳动力市场分割的助推力，在城镇特别是大中城市劳动力市场，户籍带来的分割呈现一种新的变化，越来越多的劳动者由于不是本市户口而被"好工作"排除在外，外地的城镇户口对于在本市找工作而言没有丝毫优势，反倒是本市的农村户口还能享受本市的各种社会福利和保险，包括某些就业岗位优先的待遇，城镇分割并不是市场经济发展初期的纯粹居民与非居民的收入差异，而更倾向于一种本地与外地的分割。这其中，高等教育又起着重要的作用。首先，考上大学便可以将户口转入就读学校，成为所在城市的集体临时户口。其次，劳动力市场提供的好职位常常伴随着给劳动者提供本市常住户口，而获得这些职位的首要条件是有高等教育学历毕业证和学位证。但同时，户籍并不是形成分割的唯一标准，因为在城市尤其是北京、上海等大城市中还出现这样的现象：许多劳动者处于主要劳动力市场提供的职位工作，收入丰厚，社会福利和保险也都非常完善，工作稳定，如果愿意流动，他们仍然是在主要劳动力市场内部流动，而且如果不是"跳槽"性质的向上流动，他们不会换工作，但是这些劳动者并没有本地户籍。

经历了改革开放与市场经济的初步建设和发展，中国仍属于转型和转轨过程的发展中国家，通过观察不难发现：第一，中国劳动力市场根据城市劳动力市场和农村劳动力市场构成；尽管刘易斯—费景汉二元模型认为，在工业化推动下，市场介格信号可能引导劳动力在城乡之间自由转移。但中国城乡劳动力市场与二元经济理论所描述的状况有很大不同，有其特殊性。在二元经济理论中，制度是内生的，劳动力可以在不同劳动力市场之间自由流动，但我国的城乡二元经济存在着户籍制度带来的一系列严格限制，使农村与城市劳动力市场无法统一成为一个完整的劳动力资源配置市场，并且在相当长一段时间，这种城乡分割还很难消除。第二，中国城市劳动力市场内部还存在着更复杂的两级市场分割，而在这种现实的分割中，高等教育学历起着关键性的作用，使高学历劳动者与低学历劳动者群体处于两个分割的劳动力市场中，并且他们经济地位获得路径也完全不同（吴愈晓，2011）。城市劳动力市场也不是一个统一的体系，其中交织着各种竞争因素和非竞争因素形成的分割，其中的主要劳动力市场由国有部门、事业单位和大中型企业构成，劳动力资源依据内部组织规则配置，这些内部组织吸收社会的精英和中坚分子，而将人力资源、社会资源较差的劳动者排斥在外，即这些人进入次要劳动力市场。第三，充斥着城市次要劳动力市场的首先是广大农村剩余劳动力，他们的学历普遍在大专以下，目前成为农民工主力军的新生代农民工平均受教育年限为9.8年，大专及以上学历者占群体总数的6.4%，上一代农民工学历更低，平均受教育年限为8.8年，大专及以上学历者仅占群体总数的 1.4%[1]。另外，城市就业者队伍中还有由小城镇迁移到大中城市的非农村劳动力，以及非本城市户籍的非农村劳动力，城市劳动力市场的分割同样让这些迁移劳动力中的低学历者拘囿于次要劳动力市场。第四，在城市以大学学历为基本导向而形成的牵动户籍[2]的两级分割中，交织着行业差异、职业差异、所有制类型差异和地区经济发展水平的差异所带来的分割，种种差异最终表现在工作职位上为简单的三个字："好工作"或者"差工作"。这就是具有中国转型时期特色的"学历二元分割特性"（如图 4-3 所示）。

　　基于以上描述和总结，本书提出以下假设：中国城市劳动力市场分割的典型特征是学历分割的二元性，由此形成的两级市场不是传统研究意义上的某一种分割，而是包含着行业差异、职业差异、所有制差异和户籍差异的一种综合性视角，各种差异对此产生的影响均有实际意义。从劳动者工作职位的角度来思考，造成分割的关键性因素是高等教育学历。

---

　　① "新生代农民工研究"课题组：新生代农民工的数量、结构和特点，摘自蔡昉等主编，人口与劳动绿皮书（2011）——中国人口与劳动问题报告，"十二五"时期挑战：人口、就业和收入分配，社会科学文献出版社，2011 年，第 006 页。

　　② 这里的户籍差异，不仅仅指农村户籍劳动者与城市户籍劳动者的差异，更是强调当今社会盛行的本地户籍劳动者与外地户籍劳动者在就业时面临的差异，因为随着交通、信息技术和社会经济的发展，迁移到城市的劳动者不只有本地农村劳动力，还有大量非本地的农村或城镇劳动力。

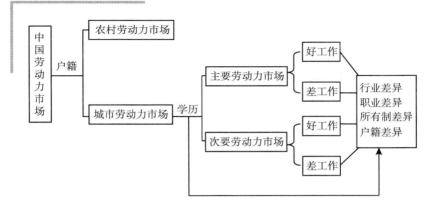

图4-3 中国劳动力市场分割

如果上述假说成立，我们对中国劳动力市场分割的研究将做出重要的推进。

第一，城市劳动力市场学历二元性分割成为城市劳动力市场分割最重要的特征，意味着城市劳动力市场竞争性因素大于非竞争性因素。已有的经验研究认为，城镇劳动力市场内部分割的重要表现是城镇劳动力在不同部门和不同所有制企业之间的流动受到很大束缚（John Knight & Song Lina，1995；Zhao Yaohui，2002；Chen et al.，2005）。李实、魏众（2009）分析证明不同部门之间收入差距明显扩大的趋势意味着劳动力市场的分割效应亦在不断增强，这个分割一是由于劳动力在部门之间无法充分的流动，二是由于部门内部劳动力资源配置效率不高，这两个问题都需要在制度和政策上破除各种障碍。赖德胜

（1996）很早就一针见血的提出中国劳动力市场的分割具有非常明显的制度性分割特征，它是中国特殊的制度变迁过程的产物，随着市场经济体制的建立和不断完善，劳动力市场的制度性分割将会消除，但这也需要一个较长的过程。一些研究关注转型时期中国城市劳动力市场内部的城乡分割和"国有—非国有"部门分割（蔡昉等，2002；李建民，2002；李培林，1996；李强，2000）。张展新（2004）则把视线集中在劳动力市场的产业分割上，通过利用第五次全国人口普查抽样数据所做的Logistic 回归分析证实劳动者进入垄断产业就业的机会差异，说明垄断—非垄断产业分割的存在。所有以上研究或者着重强调制度性因素造成分割，或者仅仅从竞争性因素的某一个视角分析劳动力市场分割，而本书在承认各种竞争性因素和非竞争性因素的前提背景下，依据中国劳动力市场现在的具体实情提出学历二元分割的假说，通过证明假说我们得到两点重要内容：首先是制度性因素已经不是当前我国劳动力市场分割最重要的因素，竞争性因素在此过程扮演着越来越重要的的角色；其次是各种竞争与非竞争因素带来的分割都不是孤立的，可以将他们统一纳入本书的研究框架体系来分析中国目前和未来的劳动力市场状况。

　　第二，本书仅限于对城市内部劳动力市场分割的剖析，由于城市内部劳动力市场与农村劳动力市场差异性的存在，本书所涉及的研究框架和思路并不能直接应用于中国劳动力市场的城乡分割，但二者也具有不少共通性，完全可以将本书的成果作为后续研究的基础和参考。

第三，本章提出的崭新的劳动力市场分割视角，实际上表明当今中国城市劳动力市场分割的形成和存在与教育这种重要的人力资本投资方式有着一定关系。传统的劳动力市场二元分割理论及实证研究提出，次要劳动力市场中的教育回报率非常低，职业培训等人力资本投资对于收入增加的作用非常有限，本书的研究便是在修正或推进传统理论。同时，本书在实证测量出这种分割程度的基础之上，会继续讨论此话题，用CHIP历年城镇数据分省计量地区教育水平对地区城市劳动力市场分割的影响程度。

第5章

劳动力市场学历
分割的实证检验

我们采用事先分类方法将劳动力市场根据劳动者个人特征是否具有高等教育学历而分成两级有差别的市场，首要劳动力市场和次要劳动力市场，提出劳动力市场的变化趋势是，随着社会经济水平不断进步和市场改革的不断完善，中国各种制度性分割一方面会交错包容在由学历高低所定义的竞争性分割范畴之内，另一方面学历分割将成为未来相当长一段时期内最主要的分割形式，而各种制度性分割将逐渐弱化。经过第4章统计描述性的工作，已经对学历分割有了初步的认识，在本章中我们将对此进行实证检验。国内外已有文献对劳动力市场分割存在性的验证主要从两个视角展开：第一，主要从工作收入的角度对劳动者个人特征和职位特征进行衡量，判别劳动力市场分割标准；第二，主要从劳动者工作流动是否存在障碍的角度，评价劳动力市场是否存在分割。

已有文献（Osberg et al.，1987；Osterman，1975；Boston，1990；Oster，1979）运用各种方法对劳动力市场分割性的存在进行了实证研究，本章根据分类标准的特殊性，结合已有文献，采用聚类分析法和人力资本模型法，结合赫克曼二阶段法进行说明，具有了较强的客观性和解释力。5.1节回顾关于劳动力市场分割实证检验的相关文献；5.2节介绍本章采用的数据和主要方法；5.3节运用聚类分析法验证高等教育学历所带来了城镇劳动力市场二元分割；5.4节采用明瑟方程着重从收入的角度检验二元分割的客观性。

5.1

文献回顾

虽然从关注并研究中国劳动力市场问题，尤其是分割问题迄今为止时间并不很长，但受经济发展水平和阶段影响，国外对于劳动力市场分割问题的研究已经相对成熟，这对于研究中国提供了重要的理论支持和方法指导。在诸多研究中，主要涉及劳动力市场分割的两个主要方面：一是主要劳动力市场和次要劳动力市场的划分，二是证明劳动力市场分割的存在。

5.1.1　两级市场的划分

无论是二元分割理论的提出，还是多元分割理论的演变，首先需要明确定义形成分割的两级劳动力市场。

（1）人为制度的划分

这些因素对劳动力市场分割形成具有强制性的特点，主要表现是各种体制、政策直接对市场的供求价格等进行规定，我国的劳动力市场中，制度性因素为其首要原因。赖德胜（1996）将分割理论引入中国的研究，描述了新中国成立以来中国的制度环境，明确提出制度性分割是转型国家特别是中国的一个特有现象，其负效应显著，如城乡收入差距过大、相对脑体倒挂、用非所学、产品滞销、企业有强烈的使用偏好。制度性分割是中国特殊的制度变迁过程的产物，随着市场经济体制的建立和不断完善，劳动力市场的制度性分割将会消除，其影响力也会大为下降。谭友林（2000）以上海经济可持续发展为研究起点，重点考察了制度性分割的存在给经济发展带来的问题。李建民（2002）在中国劳动力市场多重分割背景下分析供求关系及均衡结果，也认为市场制度性分割是其中最为关键的内容，需要尽快打破并建立起劳动力可以自由流动的统一劳动力市场。按照制度规定或者从制度本身给劳动力市场带来的影响层面来看，又可分为两种形式：第一，城乡分割；第二，所有制分割。

最初并且持续很长时间的研究是关于城乡二元劳动力市场的分割，辜胜阻（1991）、罗卫东（1998）、朱镜德（1999）均以此为方向考察分割。王德文等（2004）利用第五次全国人口普查表1%的抽样数据，比较分析了城市劳动力市场上本地劳动力和外来劳动力（包括农村迁移者和城市迁移者）失业率的差异，揭示出城镇劳动力市场分割的负效应非常强。王怀民（2005）、江涛（2001）都认为户籍制度所引起的分割是中国目前制度性分割中影响力最为显著的一种形式。史晋川等（2006）拓展新古典模型，以城乡分割为背景分析转轨时期中国农村劳动力转移的理论机制。肖文韬（2006）构建了城乡劳动力就业缔约模型，也是主要从加快城乡劳动力市场一体化角度来探讨中国劳动力市场分割。

关于所有制的分割，最早由戴圆晨、黎汉明（1991）及李实（1997）将"二元"就业体制用于分析劳动力在国有企业与非国有企业间的配置。随后，李萍、刘灿（1996）以分割的劳动力市场理论为参照系，观察我国初步发育和运作中的劳动力市场，提出我国存在体制内劳动力市场和体制外劳动力市场多层次分割。体制内劳动力市场又分割为体制内存量合同工准劳动力市场与临时工、农民工劳动力市场；体制外劳动力市场则分割为体制外城市劳动力市场和农村劳动力市场。由于这种分割的劳动力市场的形成，主要源于新旧体制转轨过程中，旧体制的惯性作用与新体制成长中的不足，导致不同区域之间、城乡之间、不同企业之间，甚至同一企业内部不同身份劳动者之间劳动力市场运行的机制、规则的不统一或不协调，因而有着鲜明的体制性分割的特点。蔡昉（1998）也认为在中国城市劳动力市场分割最为典型的是国有部门和非国有部门的城市二元分割。赖德胜（1999）提出中国存在教育与收入正相关程度不高的"脑体相对倒挂"现象，教育收益率偏低，就业与不同所有制单位对个人收入分配有很大影响，说明所有制类型导致的分割确实存在。

（2）客观标准的划分

一般通过市场竞争实现不同性质的劳动力分属不同的市场领域。张东辉等（2002）的研究表明，行业平均工资差距变异系数从 1985 年至 1999 年处于上升状态，行业最高平均工资与最低平均工资之比也在上升，证明了由行业类型导致的分割差异。张展新（2004）在城乡分割和"国有—非国有"部门分割备受主要关注的同时，提出产业分割已逐渐成为新时期劳动力市场分割的主要形式。

郭丛斌（2004）既讨论了中国劳动力市场行业分割，也讨论了职业分割，并按照区域经济发展不平衡的现实分别考察了不同地区的行业分割和职业分割程度。

张展新等（2007）鉴于 20 世纪 90 年代中期至今城市经济

社会体制发生的一系列根本性变化，随着城市外来人口多样化发展，城乡分割作为一个体制或一种正式制度安排已经终结，以地方政府财政和经济自主权为基础的人口与劳动力区域分割不断强化，开创性地提出解释城市外来人口经济社会地位的城乡、区域二元分割分析框架。

（3）特殊角度的划分

汪洋（2002）从企业规模和人力资本选择角度来划分主要劳动力市场和次要劳动力市场，探讨企业资本结构（人力资本与物质资本比例）对两级市场划分的重要影响，认为人力资本积累丰富的企业（资本、技术密集型）通常选择属于主要市场，人力资本短缺的的企业（劳动密集型）通常选择属于次要市场，并预测随着改革不断深化和经济增长方式的转变，中国将会有越来越多的企业选择属于主要部门。吴愈晓（2011）结合转型时期中国城市地区劳动力市场的实际，运用事先分类法，将高学历劳动者与低学历劳动者分成两个群体，并证明了二者处于两个分割的劳动力市场中。

5.1.2　两级市场分割的证明

（1）工资差异

吉特等（1999）、莘·蒙和张俊森（2001）、毛雷尔·法齐奥和丁兹（2004）分析了不同劳动者群体的收入，发现在城市劳动力市场具有明显的差异。莘·蒙等（2000）学者的研究非常明确地利用城镇本地劳动力与外来劳动力工资差距，分析了二者形成的劳动力市场分割程度。王美艳（2005）也研究了城市本地劳动力和外来劳动力工资报酬差异，并发现其中一个非常重要的原因是劳动力市场歧视。

李湘萍、郝克明（2006）利用中国 9 省（市）企业员工培训和继续学习调查数据，验证了劳动力市场户籍分割，认为在职培训对于提高农民工收入及提高农民工进入主要劳动力市场的能力具有显著作用。此外，朴惠伟等（2000）、古斯塔夫森和李实（2000）较为关注性别歧视造成的劳动力市场分割，主要从性别工资差异角度来进行阐明。

戈登和李实（1999）的研究发现，国有部门中技能型人才工资比非国有部门低，结果是使国有部门高技能工人更多地流向其他部门，低技能工人却很少流动，因为没有流动的动力。赵耀辉（2001，2002）重点关注国有企业和非国有企业工资利益方面的差距，以及这种差距带来的劳动力流动。此外，董晓媛和鲍尔斯（2002）及约翰·奈特和宋丽娜（2003）都认为所有制部门间的工资差异形成的劳动力市场分割是中国城市收入不平等的重要原因。

李实、魏众（2009）利用 1995 年和 2002 年城镇职工工资收入数据和瓦哈卡·布林德分解方法的扩展形式，分析了这一期间中国城镇劳动力市场分割效应对垄断部门与非垄断部门收入差距变动的影响，证明了分割的真实性，并解析还存在的行业差异，主要体现为在垄断行业与竞争行业之间收入差距明显扩大，并且收入差距中市场分割因素解释的比重不断上升。

（2）工资方程差异

毛雷尔·法齐奥（1999）分解城市不同身份就业工人收入差距，考察了教育回报率的差异。符育明和加布里埃尔（2000）分别计算了私有企业与国有企业的教育回报率，结果发现前者高于后者。李实、丁赛（2003）利用的经验估计发现，不同所有制、不同地区之间教育收益率存在显著差异，反映出城镇劳动力市场分割性收益的存在。郭丛斌（2004）采用社会学分类标准将中国劳动力市场按照职业社会经济地位指数高低不同分成两级市场，运用明瑟方程重点比较不同市场工资方程的差异，尤其是教育回报率的差异，证明了分割的存在。杨涛·丹尼斯（2005）计算了从1988年以来的教育回报率，呈现递增趋势。张车伟（2006）利用2004年在上海、浙江、福建三省调查数据的计算，发现教育回报率整体不高。

（3）社会分层框架

奥斯特（1979）运用因子分析法和主成分分析法对不同产

业的一系列特征进行分析，给出了通过描述职位特征来判定的"分割性"的三大类因子。托尔伯特（1980）根据竞争与非竞争状态，测度和分析了 17 个因子之间的相关系数、均值和方差等，给出了以产业特征来判定"分割性"的因子。波士顿（1990）则使用了聚类分析法区分出"好"职业和"差"职业。安德森（1987）也运用了聚类分析方法分析职位集聚的原因，以及不同聚类之间是否存在流动性障碍，结果支持分割性。弗拉特乌（1993）、德拉戈（1995）都对职业特征进行聚类，分析了澳大利亚的劳动力市场分割性。受此启发，张昭时（2011）借鉴了主成分聚类分析方法，验证了劳动市场的城乡二元分割。

（4）劳动力流动

从劳动力流动是否存在障碍的角度来验证分割存在的长期性和制度性，始于多林格和皮奥里（1971）及哈里森（1972）对黑人和白人之间收入差异、工作流动差异的计算。随着研究不断推进，波士顿（1990）、哈德森（2006）都考察了不同部分劳动力的向上流动性。

约翰·奈特和宋丽娜（1995）将视线集中于劳动力流动，重点关注城镇劳动力在国有和非国有单位流动障碍问题，发现由此带来的劳动力市场分割又潜在导致了中国城镇地区收入差距扩大。赵耀辉（2002）和陈美楚（2005）的研究提出，1950

年间城镇劳动力流动困难的一个重要原因是国有部门的劳动者获得比其他部门更高的其他收入，所以国有部门的劳动者没有动力到其他部门工作。赵延东（2002）对城乡流动人口收入决定因素进行了详细的实证分析，结果表明城乡流动人口的人力资本和社会资本是其经济地位获得的主要因素，实际上是从另一角度说明促进城乡流动特别是农村人口往城市的流动，是减弱城乡分割的一个有效途径。蔡昉（2003）将城市劳动力市场作为一个解释变量引进回归模型，发现城市劳动力市场的统一程度影响了农村迁移劳动力的就业机会和报酬系数。李萌（2004）在上述研究基础上，根据武汉市调查数据对不同部门流动者收入展开研究，结果证明了职业培训对于提高流动者经济地位的获得、促进劳动力流动和减弱分割是有效的。宋艳菊、安立仁（2005）主要考察了城乡二元分割中劳动力流动状况及其就业效应。张红（2007）在分析东北老工业基地"新失业群体"失业问题中，将劳动力市场分割与劳动者职业流动视为因果关系来进行研究。李芝倩（2007）在构造城乡分割下劳动力流动模型时，提出城乡分割由户籍型分割和人力资本性分割，较全面地解释了农村劳动力流动的影响因素。但结果不支持通过提高城乡工资率差来促进农村劳动力流动，但可作为减轻分割的措施。乔明睿等（2009）首次借鉴威廉·狄更斯和郎·凯文（1985）的切换回归模型，用中国健康和营养调查数据（CHNS），以及第二次农业普查资料，从就业机会和劳动力就业选择的视角检验了中国劳动市场分割的状况。张昭时、钱雪亚（2011）在此基础上进行了拓展性研究。

5.2

方法和数据

本章使用 2009 年中国住户收入调查数据（CHIP）的城镇样本，总计 14864 个观测值。调查对象为中国 10 省城镇住户的抽样，其中在东、中、西部各选取了 3 个左右具有代表性的省份，尽量拟合全国的分布，同时样本中高学历劳动者与低学历劳动者结构均匀，可以用来观测和检验中国劳动力市场学历分割的有效性。在使用样本的过程中，我们对数据做了与第 4 章同样的有效性处理：第一，按照《中华人民共和国劳动法》的相关规定，从调查样本中选取年龄为 16～60 岁的男性和 16～55 岁的女性；第二，将本章需要使用到的或需要观测到的变量值不正常的样本删除，例如收入 < 0 等。经过剔除，我们最终使用的样本总数为 6712 个。

通过文献梳理可知，验证劳动力市场分割性的方法可以总结为两个方向。一类是使用社会分层框架，主要运用统计学的方法，如使用因子分析法构建出形成分割的几类因子，以及各自的得分，或用聚类分析法对样本进行分类处理，最后观察不同类别特征并说明差异源自分割。这类方法的优点是避免了事先分类的主观判断性问题，主要是社会学家使用；另一类一般是经济学家使用，依据各种理论模型运用计量学方法来解释分割，如风险理论（Graham，1990）、搜寻理论（Mitchell et al.，2005）、内部劳动力流动理论（Launov，2004）转换回归模型（William T. Dickens & Kevin Lang，1985；1985）和明瑟收益方程，综合运用简单 OLS 与 Logit 回归法、赫克曼二阶段法、极大似然法等各种回归法验证分割性。其中使用最为广泛的还是明瑟收益方程，本章综合以上各种方法和思路，分别采用主成分聚类分析法和明瑟收益方程回归分析法，较为完整地检测城市劳动力市场的学历分割。

5.3

城镇劳动力市场学历分割的验证

5.3.1 样本统计描述

我们从经过处理后的样本中，根据研究目标——劳动力市场二元分割性的基本特点，选取以下变量描述劳动者的职位特征：收入、医疗保险支出、受教育年限、工作经验、所有制类型；选取高等教育学历作为代表学历分割的身份特征变量。具体情况如下：

年收入（wage）：调查问卷中是以月平均收入设计的，最后用月平均收入乘以 12 得到。工资性就业者，填写工资、奖金、津贴和实物折现的总和；自我经营者，填写净收入，可以出现 0 或负值，单位为人民币元。但在使用分析的样本中，我们剔除了收入为负值的数据。

个人医疗支出（med）：2008 年全年总医疗支出扣除各种报销，个人实际支付的医疗费用，单位为人民币元。

受教育年限（edu）：扣除跳级和留级年数，单位为年。

工作经验（exp）：2009 年减去从事该职业的年份加 1，包括在其他单位从事该职业的时间，单位为年，即从 2008 算起，采用 0、1 舍入法，未满 1 年算 0 年。

所有制类型（syzlx）：将 16 类所有制类型归并成两类，国有制 = 1，非国有制 = 0。国有值与非国有制的做法同第 4 章，即党政机关、国家集体事业单位、国有独资企业和国有控股企业归为国有制，其他归为非国有制。

学历（high）：用完成的最高教育程度换算之后归并成两

类，大专及以上 = 1，高中及以下 = 0。

表 5 - 1 是样本的基本统计性信息，我们将据此做主成分分析，并利用主成分分析结果对样本进行聚类分析。从表中我们可以看到，全体样本的平均受教育年限为 12.3 年，相当于高于高中毕业水平，但又低于大学毕业水平，高中以上学历者占总体 76.53%，大专以上学历者占 40.53%[1]。从工作经历来看，平均就业年数为 14.38 年，其中 10 年以内的占比接近观测数的一半，说明样本偏年轻化。年平均收入为 31506.49 元，城镇劳动者个人用于医疗保险支出的平均值为 362.87 元，只占年收入均值的 1.15%，它们各自的差距也比较大，90% 百分位的年平均收入是 50% 百分位的 2.5 倍，50% 百分位年平均收入是 10% 百分位的 2.3 倍。90% 百分位的个人医疗支出是 50% 百分位的 8 倍，10% 百分位的个人医疗支出为 0。样本在两类不同所有类型中的分布非常均匀，几乎各占一半。高学历劳动者比重较低学历者低分别为 43.65% 和 56.35%[2]。

---

[1] 实际上这个数据统计的是上过大学的人数，而不是取得高等教育学历证书的人数，后者在样本中占比远小于 40.53%。

[2] 由于在调查过程中，最高教育程度填答的统计结果高学历的占比非常接近这个数，故描述中也采用这个数据，当然这种做法会高估样本中的劳动力受教育水平，但这对本章的分析影响不大，只是对第 6 章中国现阶段分割程度的判定影响要大一些，这也是我们后续研究需要改进的地方。

表 5 - 1　　　　　　　　　　　　　样本基本统计信息

变量值	比例%	均值	标准差	变量值	比例%	均值	标准差
受教育年限（年，edu）				工作经验（年，Exp）			
≤6	2.81			0 ~ 10	47.06		
7 ~ 9	20.66	12.30	3.29	11 ~ 20	24.96	14.38	10.45
10 ~ 12	36.00			21 ~ 30	18.36		
>12	40.53			>30	9.62		
年收入（元，百分点位，Wage）				个人医疗支出（元，百分点位，Medicare）			
0	Min			0	Min		
10560	10%			0	10%		
24000	50%	31506.49	34975.38	100	50%	362.87	1228.95
60000	90%			800	90%		
960000	Max			40000	Max		
所有制类型（syzlx）				学历（High）			
国有 = 1	49.38	—	—	高学历 = 1	43.65	—	—
非国有 = 0	50.62			低学历 = 0	56.35		

5.3.2　主成分分析

　　变量的选择对于主成分分析的结果非常重要，并且我们选取的 6 个变量均在某种程度上可以代表劳动者工作的职业特征，故有必要先计算这些变量的相关系数矩阵。

　　表 5 - 2 显示出本章所采用的 6 个变量之间的相关关系，从中我们可以看出：第一，个人医疗支出与其他变量虽均有相关

关系，但是都不显著，且与年收入和受教育年限之间呈现负相关关系。第二，除此之外，年收入与其他变量均显著相关，而且都是正相关关系，其中与受教育年限和是否具有高等教育学历相关性最强，分别为 0.20 和 0.22。第三，受教育年限与工作经验显著负相关，与大学学历高度正相关，相关系数高达0.71。这与经验也相符，在被调查者年龄已知或者既定的情况下，通常他（或她）的正规受教育年限越长，参加工作的时间就相对越短。而是否具有大学学历直接可以由受教育年限得到，我们实际上也是这么推算的，受教育年限大于或等于15年的视为是高学历劳动者，反之为低学历劳动者①。第四，除个人医疗支出以外，所有制类型与各变量均显著正相关，其中又以工作经验的相关系数最高，为 0.30。

表 5－2 主要变量的相关系数矩阵

	年收入	受教育年限	工作经验	个人医疗支出	所有制类型	大学学历
年收入	1.0000					
受教育年限	0.2033	1.0000				
	0.0000	-0.1249				

① 其实这种换算也存在问题，有些大学生接受了高等教育，但是最终由于各种原因没有获得学历证书和学位证书。只是在具体的工作中，一是这种情况占总体大学生比重非常小，第二是这些情况在微观计量中带来的误差非常小同时也不可避免，故我们将这些情况忽略。

续表

	年收入	受教育年限	工作经验	个人医疗支出	所有制类型	大学学历
工作经验	0.0948	*0.0000*	1.0000			
	0.0000	-0.0132	0.0301			
个人医疗支出	-0.0017	*0.2790*	*0.0136*	1.0000		
	0.8875	0.1715	0.2991	-0.0131		
所有制类型	0.0677	*0.0000*	*0.0000*	0.2822	1.0000	
	0.0000	0.7059	-0.0894	-0.0018	0.1904	
大学学历	0.2237	*0.0000*	*0.0000*	*0.8853*	*0.0000*	1.0000
	0.0000					

注：表中斜体表示显著性水平。

聚类分析方法有两种基本思路：一种是直接选取关键变量，对全体样本依据多个变量进行聚类，这种方法的结果有赖于所选取的变量，尤其是当变量个数越少，聚类的结果越与变量高度相关，除非我们选取的变量对样本的影响非常接近真实情况，否则就会产生较大的主观性或客观选择性误差。另一种方法是先选取变量做主成分分析，依据主成分对全体样本进行聚类，聚类的结果会在更大程度上减少主观或客观选择变量所带来的误差。本章采取第二种思路，即主成分聚类分析方法对全体样本进行聚类，故先做主成分分析（如表

5 - 3 所示）。

表 5 - 3   主成分分析表

变量	Comp1	Comp2	Comp3	Comp4	Comp5	Comp6
年收入	0.3256	0.1665	0.0470	0.8861	-0.2802	0.0179
受教育年限	0.6354	-0.1765	0.0160	-0.1482	0.2126	0.7054
工作经验	-0.0246	0.7536	0.0014	0.0730	0.6522	0.0294
个人医疗支出	-0.0172	0.0590	0.9931	-0.0775	-0.0627	0.0102
所有制种类	0.2764	0.5930	-0.1019	-0.4068	-0.6293	0.0059
高等教育学历	0.6426	-0.1346	0.0308	-0.1268	0.2258	-0.7078
特征值	1.8967	1.3048	1.0009	0.9090	0.5944	0.2942
方差	0.5919	0.3039	0.0919	0.3146	0.3002	0.0000
比例	0.3161	0.2175	0.1668	0.1515	0.0991	0.0490
累计比例	0.3161	0.5336	0.7004	0.8519	0.9510	1.0000

确定主成分最重要的标准有两个，第一是特征值大于 1，第二是累计解释百分比越高越好（Rencher，2002）。根据这两个基本标准，我们确定成分 1 至 4 为主成分，它们累计解释了 85% 的变化。其中，主成分 1 解释了 6 个变量总变化的 31.61%，主成分 2 解释了 21.75%，主成分 3 解释了 16.68%，主成分 4 解释了 15.15%，且这四个主成分的特征值基本都大于或非常接近 1。基于四个主成分，本章使用加权平均联结法

（waveragelinkage）对全体样本做聚类分析。

为了得到比较合适的分类数，我们采取了两种聚类停止法则，据此得到的结果相互验证。表 5 - 4 显示的是聚类停止结果，用 Calinski/Harabasz pseudo - F 分析在 2 ~ 7 个分类数区间，最佳分类个数是 6，次佳分类个数是 7；用 Duda/Hart pseudo T-squared 分析在 1 ~ 14 个分类数区间，最佳分类个数是 6，次佳分类个数是 3。因此，我们选定最佳分类个数为 6。

表 5 - 4　　　　　　　　　聚类停止结果

Number of clusters	Calinski/Harabasz pseudo - F	Number of clusters	Duda/Hart	
			Je（2）/Je（1）	pseudo T-squared
2	3969.81	1	0.52	3969.81
3	4250.99	2	0.63	2064.08
4	2852.44	3	0.93	59.53
5	2200.27	4	0.70	358.35
6	7351.57	5	0.28	8101.90
7	6148.92	6	0.92	35.89
8	9973.13	7	0.27	4999.38
9	10604.24	8	0.30	1850.36
10	9918.66	9	0.46	488.77
11	8952.88	10	0.45	31.87
12	12730.30	11	0.27	3297.02

Number of clusters	Calinski/Harabasz pseudo – F	Number of clusters	Duda/Hart	
			Je (2)/Je (1)	pseudo T-squared
13	12512. 74	12	0. 27	854. 54
14	17078. 87	13	0. 25	2913. 59
15	20103. 89	14	0. 30	2051. 17

5.3.3 主成分聚类分析结果

表 5 – 5 描述的是基于四个主成分对全体样本进行 6 类聚类分析的结果，具体给出了每一类相关变量的均值和主成分中的得分均值，我们从中可以读出以下信息。

表 5 – 5　　　　　　聚类分析结果

市场类型	Clu	收入	受教育年限	工作经验	医疗保险支出	所有制类型	大学学历	样本频数	样本百分比
S	1	23595. 62	10. 61	11. 80	431. 62	0. 15	0. 13	1237	28. 29
		– 1. 05	– 0. 40	– 0. 09	– 0. 29				
S	2	34225. 02	12. 71	16. 17	572. 89	0. 64	0. 51	1894	43. 32
		0. 33	0. 22	0. 02	0. 08				
S	3	14090. 40	9. 03	6. 34	159. 36	0. 00	0. 00	419	9. 58
		– 1. 86	– 0. 93	– 0. 67	– 0. 07				

续表

市场类型	Clu	收入	受教育年限	工作经验	医疗保险支出	所有制类型	大学学历	样本频数	样本百分比
P	4	46770.09	15.12	19.74	791.23	0.98	0.95	793	18.14
		1.72	*0.57*	*0.40*	*0.30*				
P	5	76317.00	20.32	26.21	3700.79	0.93	1.00	28	0.64
		2.90	*0.74*	*1.49*	*0.06*				
P	6	67404.00	35.00	18.00	10328.00	1.00	1.00	1	0.02
		5.53	*-0.78*	*3.02*	*0.88*				

注：斜体表示每一类相关变量主成分中的得分均值；

非斜体表示 6 类劳动者分布在 8 种职业上的数量（绝对数）。

第一，Clu1 和 Clu3 具有高度一致性，样本频数为 1656 个，占总体比重为 37.87%。它们与工作职位相关的定量变量主成分得分均值均小于 0，表示这些变量的实际值都在平均水平以下。与其他几类劳动者相比，收入水平非常低，其中最高的年均收入只有 23596 元。同时，社会福利待遇也比较差，年均医疗支出在 500 元左右。从就业单位的所有制性质来看，均值很低，表示在国有部门就业的比重非常小，工作非常不稳定而灵活性很强。另外，这两类劳动者受教育年限较低，均低于 11 年，即高中以下，这从大学学历这个虚拟变量的数值上也能看出来。很明显，这两类人群具备劳动力市场分割理论中次要部门的基本特征，因此我们将这两类劳动力的市场类型记为 S，即次要劳动力市场。

第二，Clu4、Clu5 和 Clu6 具有高度一致性，三类样本频数为 822 个，占总体比重为 18.8%。它们与工作职位相关的定量变量主成分得分均值基本都大于 0，即这些变量的实际水平都在平均水平以上。从收入和福利来看，三类样本代表的劳动者收入高、社会福利待遇好，其中收入最高为 76317 元，最低为 46770 元，是次要市场的 2~5 倍；个人医疗保险支出水平也都显著高于次要劳动力市场。从工作稳定性角度来看，这三类劳动者的均值非常接近 1，表示绝大多数的劳动者在国有部门工作，国有部门中更多的工作岗位设置是固定工，劳动者的工作稳定性比较强。同时，这三类劳动者受教育程度也都比较高，其受教育年限均大于 15 年，绝大多数人都有高等教育学历，即大专或以上毕业，虽然从聚类分析的结果并不能看到教育回报率在劳动力市场分割理论所描述的那样高，但至少从现象上说明这三类人群具有显著相似性，都具备二级部分的特征，因此我们将这三类劳动力的市场类型记为 P，即主要劳动力市场。

第三，Clu2 相比之下，稍稍有些特殊。首先从收入来看，该类劳动者平均年收入为 34225 元，不高也不是太低；个人医疗支出 573 元，比 Clu4、Clu5 和 Clu6 都低，却比 Clu1 和 Clu3 都高，社会福利待遇类似收入情况。再者，该类人群就业的所有制类型均值为 0.64，不是显著的接近国有制，也不明显为非国有制[1]。平均受教育年限为 12.71，即高中以上、大学以下，大学学历均值为 0.51[2]，刚刚超过 0.5 的水平。综合来看，此类劳动者介于劳动力市场主要部分和次要部分之间，但更倾向于次要部分，一方面是各变量均值和得分显示更接近次要部分的水平，另一方面该部分样本频数为 1894，占总体比重 43.32，如果将该部分归为主要部分，则主要部分的样本频数为 2716，占总体比重 62.12%，这显然跟表 5 - 1 统计描述的信息不符，而如果将该类劳动者归并到次要部分，虽然也与表 5 - 1 显示的统计信息有出入，但刚好考虑到表 5 - 1 将最高受教育水平为高中毕业以上的劳动者归为高学历者这一误差。因此，综合考虑，最终我们将 Clu2 也记入 S，即次要劳动力市场。

第四，在主要劳动力市场内部，clu4 与 clu5、clu6 之间存在收入和受教育年限两个变量上的差距，虽然并不是很大，收入差为 1.4 倍，但不难看出这其中教育程度同向变化的趋势非常明显。而在次要劳动力市场内部，这种差距同样存在，且更

---

[1] 虚拟变量设定为国有制 = 1，非国有制 = 0，我们可以粗略的认为，当均值大于 0.5，表示该类劳动者更多的在国有制部门工作，当均值小于 0.5，表示该类劳动者更多的在非国有部门工作。但是这是非常粗糙的估计，当结果非常接近 0 或 1 的时候，是比较好的效果，而当结果在 0.5 左右的时候，则代表性很可能不是非常明显。

[2] 值的设定同所有制。

大，如 clu2 的年平均收入是 clu3 的 2.42 倍。这说明，学历形成的主、次两级劳动力市场分割非常显著，一级部分与二级部分内部的差距各异，较之两级之间的差距要弱。

最后，我们来看看聚类结果形成的 6 类劳动者在不同职业种类上的分布情况（如表 5 – 6 所示）。第一，主要劳动力市场部分的劳动者在前三种职业上就业的比重均高于该类样本占全体样本数的比重，Clu4 在职业 1 就业的样本数占该职业总人数的比重是 44.41%，在职业 2 就业的比重分别为 33.3%、22.94%，均高于 Clu4 占全体样本总数的比重 18.14%。而 Clu5 和 Clu6 的情况与 Clu4 完全一样，这说明主要劳动力市场对应的典型职业是前三类：1 为国家机关党群组织、企事业单位负责人，2 为专业技术人员，3 为办事人员和有关人员。第二，次要劳动力市场的劳动者在后几种职业中分布较高，Clu1 在职业 4、职业 6 和职业 8 就业的样本数占该职业总人数比重分别为 46.59%、33.39%、41.55%，明显大于 Clu1 占全体样本的比例 28.29%。Clu3 则在职业 4、职业 5 和职业 8 的比重明显高于该类样本占全体样本数的比重，Clu2 虽然各类职业就业比重值差异不显著，但其值最高的亦是集中在职业 5 和职业 6。这表明次要劳动力市场对应的典型职业是这四类：4 为商业服务业人员，5 为农林牧渔水利生产人员，6 为生产运输设备操作人员及有关人员，8 不便分类的其他从业人员。

表 5-6　各类在职业种类上的分布情况

市场	类 Clu	职业种类								合计
		1	2	3	4	5	6	7	8	
S	1	19.000	145.000	230.000	498.000	5.000	215.000	2.000	123.000	1237.000
		7.540	*14.290*	*21.990*	*46.590*	*17.240*	*33.390*	*9.520*	*41.550*	*28.290*
S	2	107.000	493.000	521.000	319.000	16.000	337.000	6.000	95.000	1894.000
		42.460	*48.570*	*49.810*	*29.840*	*55.170*	*52.330*	*28.570*	*32.090*	*43.320*
S	3	0.000	27.000	46.000	218.000	5.000	59.000	0.000	64.000	419.000
		0.000	*2.660*	*4.400*	*20.390*	*17.240*	*9.160*	*0.000*	*21.620*	*9.580*
P	4	122.000	338.000	240.000	31.000	3.000	32.000	13.000	14.000	793.000
		48.410	*33.300*	*22.940*	*2.900*	*10.340*	*4.970*	*61.900*	*4.730*	*18.140*
P	5	4.000	11.000	9.000	3.000	0.000	1.000	0.000	0.000	28.000
		1.590	*1.080*	*0.860*	*0.280*	*0.000*	*0.160*	*0.000*	*0.000*	*0.640*
P	6	0.000	1.000	0.000	0.000	0.000	0.000	0.000	0.000	1.000
		0.000	*0.100*	*0.000*	*0.000*	*0.000*	*0.000*	*0.000*	*0.000*	*0.020*
Total		252.000	1015.000	1046.000	1069.000	29.000	644.000	21.000	296.000	4372.000
		100.000	*100.000*	*100.000*	*100.000*	*100.000*	*100.000*	*100.000*	*100.000*	*100.000*

注：斜体表示 6 类劳动者分布在 8 种职业上的比重（相对数）。

根据以上分析，在主要劳动力市场和次要劳动力市场中，代表工作职位的变量基本上都呈同方向变化，两个部分内部之间也有差异，但没有外部差异大。至此，由大学学历形成的主、次劳动力市场分割初步得以证实。

5.4

两级市场分割的进一步验证

5.4.1 理论模型

虽然我们对两级劳动力市场的划分采用的仍然是事先分类法，但通过上一节主成分聚类分析的结果发现，由大学学历形成的两级劳动力市场确实存在，且其表现非常符合二元劳动力市场分割理论对工作的基本描述，但没有检验和比较教育收益率的精确差异，这正是本节试图解决的问题。

我们将采用经典的明瑟收入方程对两级市场的收入决定进行分析，因为明瑟收入方程的基本思想是考察个人收入的决定因素及它们的解释力，特别是教育等人力资本因素。这是一种根据人力资本推导出研究收入决定的模型，在劳动力市场分割的实证检验中，大量研究利用该模型讨论工资和工资决定机制的差异。1957 年明瑟提出的计算教育边际收益率的方程式如下：

$$LnY = \alpha + \beta \times edu + \gamma_1 \times exp + \gamma_2 \times exp^2 + \varepsilon$$

其中，Y 为劳动者的劳动收入，LnY 表示工资或个人收入的自然对数，edu 代表劳动者的受教育年限，exp 表示劳动者在劳动力市场中的工作年限，exp^2 则代表工作年限的平方，ε 为随机误差项。该方程的经济学含义是：在不考虑教育直接成本时，系数 α 为截距项，系数 β 指的是劳动者在受正规教育期间获得的人力资本收益率或机会成本的收益率，系数 γ_1 和 γ_2 代表个体劳动者在工作经验中获得的人力资本收益率。本书正是通过测算人力资本收益率来证明两个市场工资和工资决定的差异问题，所以明瑟收益方程成为本书实证的基本方程，并根据研究的需要增加了代表个人身份特征和市场特征的变量，其基本形式如下：

$$LnY = \alpha + \beta edu + \gamma_1 exp + \gamma_2 exp^2 + \gamma_3 male + \gamma_4 marri + \delta high + \varepsilon$$

方程（5.1）

具体分为两步来进行：首先，使用简单 OLS 估计方程（5.1），该式假定工人对两级市场的工作选择是外生的，然后我们放松假定，并应用赫克曼二阶段法检验 OLS 结果的稳健性，利用从二阶段法中得到的工资预测值，估计一个结构性选择方程并比较和区分不同市场之间劳动者收入和收入决定的差异，以及劳动力配置的差异。

5.4.2 数据描述 [①]

在多元回归分析之前，我们先对各变量进行相关性检验，如果各变量不相关或相关程度很低，那么在收入方程中是否加入变量对教育收益率的估计几乎没有影响，但如果各变量之间显著相关，那么在收入方程中必须加入这些变量，否则将导致教育收益率的估计有偏误。

从表 5 – 7 中可以看出，除了性别变量与受教育年限、婚否和学历相关关系不显著，其余变量之间均是两两显著相关，故将这些变量都纳入方程是可以的，即方程（5.1）有效。

表 5 – 7   自变量相关关系

	收入的自然对数	受教育年限	工作经验	工作经验的平方	男性	已婚	高学历
收入的自然对数	1.0000						
受教育年限	0.3256	1.0000					
	0.0000						

---

① 为了改进和修正 5.3 节将受教育年限已 ≥12 年作为高、低学历者区分带来的不精确性和误差，我们特在 5.4 节中将正规教育在高中毕业以上、大学毕业以下的劳动者归并到次要劳动力市场，即设定 high = 0 的条件修改为 edu < 15。

续表

	收入的自然对数	受教育年限	工作经验	工作经验的平方	男性	已婚	高学历
工作经验	0.1854	−0.1249	1.0000				
	0.0000	*0.0000*					
工作经验的平方	0.1325	−0.1463	0.9631	1.0000			
	0.0000	*0.0000*	*0.0000*				
男性	0.2100	−0.0062	0.1581	0.1664	1.0000		
	0.0000	*0.6134*	*0.0000*	*0.0000*			
已婚	0.0761	−0.1882	0.2991	0.2374	0.0167	1.0000	
	0.0000	*0.0000*	*0.0000*	*0.0000*	*0.1721*		
高学历	0.2733	0.7595	−0.1581	−0.1689	0.0027	−0.2142	1.0000
	0.0000	*0.0000*	*0.0000*	*0.0000*	*0.8239*	*0.0000*	

注：表中斜体为显著性水平。

　　由于我们采用事先分类方法，假定具有高等教育学历的劳动者无论在垄断行业还是竞争性行业、无论在国有部门或是非国有部门，他们工作的岗位较之低学历者更优：有更高的收入和社会福利待遇，晋升机会也更多；而低学历者则即使在垄断行业或国有部门工作，更多的可能也只是"临时工"，流动性非常强。"好部门也有差工作，差部门也有好工作。"因此，我们将高学历劳动者对应归为主要劳动力市场，低学历劳动者归为次要劳动力市场。表 5 - 8 是统计描述信息。

表 5 – 8   主要劳动力市场和次要劳动力市场的分割特征

分割特征（均值）	主要劳动力市场（high = 1）	次要劳动力市场（high = 0）
年龄（岁）	35. 85 *8. 42*	43. 32 *8. 89*
受教育年限（年）	16. 04 *2. 14*	10. 64 *2. 14*
工作经验（年）	11. 92 *8. 72*	15. 50 *10. 96*
男性（%）	56. 50 *0. 50*	56. 79 *0. 50*
已婚（%）	78. 55 *0. 44*	89. 57 *0. 30*
年收入（元）	40458. 41 *39571. 57*	27479. 29 *31892. 96*

注：表中斜体代表标准误差。

通过表 5 – 8 统计描述信息可知，2008 年中国城镇居民主次劳动力市场的平均年龄分别为 35. 85 岁和 43. 32 岁，相差约 8 岁；主次劳动力市场工作经验分别为 11. 92 年和 15. 50 年，相差 4. 4 年；男性和已婚劳动者在主次劳动力市场所占比重非常接近，差距很小；主要劳动力市场劳动者的平均受教育年限和年收入分别为 16. 04 年和 40458. 41 元，明显高于次要劳动力市场的 10. 64 年和 27479. 29 元。对主次劳动力市场的平均受教育年限和收入进行方差分析，平均受教育年限差异的 F 值为 288.35，收入差异的 F 值为 33480，二者显著性水平均小于 0.01，这意味着主次劳动力市场的平均受教育年限和收入存在显著性差异。也就是说，我国存在工作特征不尽相同的主次劳动力市场，而这种不同是根据劳动者是否具有高等教育学历来筛选的。至此，我们再次验证了劳动力市场的学历分割。

5.4.3　实证结果分析

利用劳动者个人收入、受教育年限、工作经验、性别、婚否等数据，分别对劳动力市场总体、主要劳动力市场和次要劳动力市场的明瑟收入方程进行 OLS 回归，其结果如表 5 - 9 所示。

对主次劳动力市场的明瑟收入方程回归结果表明，主次劳动力市场的受教育年限、工作经验、性别和婚姻状况对提高收入均有积极的正面作用。主要劳动力市场的截距项高于次要劳动力市场，分别是 0.1248 和 0.1764，说明当其他人力资本变量保持一致时，主要劳动力市场劳动者收入平均水平高于次要劳动力市场。

表 5-9　全体样本和两级劳动力市场的 OLS 回归

	全体样本			主要劳动力市场			次要劳动力市场		
	系数	标准差	t 显著性水平	系数	标准差	t 显著性水平	系数	标准差	t 显著性水平
受教育年限	0.0568	0.0035	0.0000	0.0266	0.0063	0.0000	0.0708	0.0043	0.0000
工作经验	0.0451	0.0028	0.0000	0.0367	0.0055	0.0000	0.0482	0.0033	0.0000
工作经验平方	-0.0009	0.0001	0.0000	-0.0008	0.0002	0.0000	-0.0010	0.0001	0.0000
男性	0.2656	0.0155	0.0000	0.2496	0.0276	0.0000	0.2764	0.0186	0.0000
已婚	0.1256	0.0229	0.0000	0.1248	0.0358	0.0010	0.1764	0.0312	0.0000
高学历	0.1609	0.0254	0.0000	—	—	—	—	—	—
常数项	8.7303	0.0456	0.0000	9.4559	0.1068	0.0000	8.5030	0.0580	0.0000
F 显著性水平	0.0000	—	—	0.0000	—	—	0.0000	—	—
判定系数 R^2	0.2188	—	—	0.1150	—	—	0.1802	—	—
调整后的 R^2	0.2181	—	—	0.1128	—	—	0.1793	—	—
回归标准误	0.6164	—	—	0.6126	—	—	0.6153	—	—
观测数	6661	—	—	2058	—	—	4603	—	—

与以往很多研究不同的是，结果反映所有人力资本变量对收入的影响率在主要劳动力市场均低于次要劳动力市场。尤其是教育收益率的差异非常大，主要劳动力市场教育收益率为0.0266，比次要劳动力市场的明瑟收益率0.0708低出4.42个百分点，劳动力市场总体明瑟收益率为0.0568，高于次要劳动力市场而低于主要劳动力市场，这受到各组权重的影响，主要劳动力市场虽然受教育年限高，但样本只占总体的31.03%，次要劳动力市场劳动者虽然受教育年限较低，但样本比重较高，所以总体的回归线在二者之间，且更接近于次要劳动力市场。同时，该结果说明大学以上正规教育是教育回报率的一个拐点，在此之前的明瑟收益率较高，而在此之后，明瑟收益率降低，其他的人力资本因素或非人力资本因素对劳动者个人收入的增长作用开始成为更重要的因素。总之，分别对高学历劳动者和低学历劳动者所做的 OLS 回归表明：第一，两个市场收入水平的确存在差异；第二，各人力资本变量的投资收益率也不尽相同，即尽管判定系数表明总收入方程比主要市场和次要市场单个方程的解释力度更大，但至少使我们可以质疑一个收入方程的精确度问题，并且还要解决分两级市场回归判定系数反而小的问题。

为了进一步分析高等教育学历对劳动者收入决定的影响，我们对全体样本构造劳动力市场与受教育年限、劳动力市场与工作经验的交互变量，其中劳动力市场是一个虚拟变量，1 表示高学历者，也表示主要劳动力市场，0 表示低学历者，也表示次要劳动力市场，回归结果如表 5 - 10 所示。

表 5 - 10　　　　　**加入交互项的全体样本 OLS 回归**

	系数	标准差	t 检验显著性水平
受教育年限	0.0707	0.0043	0.0000
工作经验	0.0465	0.0029	0.0000
工作经验的平方	-0.0009	0.0001	0.0000
男性	0.2673	0.0154	0.0000
已婚	0.1495	0.0233	0.0000
主要劳动力市场	0.8769	0.1154	0.0000
high_edu	-0.0445	0.0076	0.0000
high_exp	-0.0058	0.0018	0.0010
F 检验显著性水平	0.0000	—	—
判定系数 R^2	0.2240	—	—
调整后的 R^2	0.2230	—	—
回归标准误	0.6145	—	—
观测数	6661	—	—

注：high_edu 表示劳动力市场和受教育年限的交互作用项；
high_exp 表示劳动力市场和工作经验的交互作用项。

首先考察教育回报率。劳动力市场与受教育年限的交互变量，系数为 0.0445，说明 2008 年中国城镇居民被调查样本中，教育收益率在主要劳动力市场比次要劳动力市场要高，即人力资本投资在主要劳动力市场的收益明显高于次要劳动力市场，并且在 1% 的水平上统计显著。事实上，受教育年限的回归系数是 0.0707，表明对于次要劳动力市场的劳动者，受教育年限的回归系数为 0.0707；而对于主要劳动力市场的劳动者，受教育年限的回归系数为 $0.0707 + 0.0445 = 0.1152$。

其次考察工作经验的回报率。工作经验的回归系数是 0.0465，劳动力市场与工作经验的交互变量系数是 0.0058，表明对于次要劳动力市场的劳动者，工作经验的回归系数为 0.0465，对于主要劳动力市场的劳动者，工作经验的回归系数为 $0.0465 + 0.0058 = 0.0523$。也就是说，从数值上看，工作经验在主要劳动力市场对收入的正向影响高于在次要劳动力市场，并且在 10% 的水平上统计显著。

为了考察主要劳动力市场和次要劳动力市场的收入方程是否存在差异，我们还可以进行邹检验（Chow test），加入每个解释变量与劳动力市场的交互项（如表 5 – 11 所示），模型为：

$$\ln Y = \alpha + \beta edu + \gamma_1 \exp + \gamma_2 \exp^2 + \gamma_3 male + \gamma_4 marri +$$

$$\delta high + \beta_1 high\_edu + \beta_2 high\_exp + \beta_3 high\_exp^2 +$$

$$\beta_4 high\_male + \beta_5 high\_marri + \varepsilon \qquad 方程（5.2）$$

表 5 – 11　　　　　　　　**用于邹检验的全体样本 OLS 回归**

	系数	标准差	t 检验显著性水平
受教育年限	0. 0708	0. 0043	0. 0000
工作经验	0. 0482	0. 0033	0. 0000
工作经验的平方	(0. 0010)	0. 0001	0. 0000
男性	0. 2764	0. 0186	0. 0000
已婚	0. 1764	0. 0311	0. 0000
主要劳动力市场	0. 9528	0. 1218	0. 0000
high_edu	(0. 0442)	0. 0076	0. 0000
high_exp	(0. 0116)	0. 0064	0. 0710
high_exp^2	0. 0002	0. 0002	0. 2570
high_male	(0. 0268)	0. 0333	0. 4210
high_marri	(0. 0516)	0. 0476	0. 2780
常数项	8. 5030	0. 0579	0. 0000
F 检验显著性水平	0. 0000	—	—
判定系数 R^2	0. 2244	—	—
调整后的 R^2	0. 2231	—	—
回归标准误	0. 6144	—	—
观测数	6661	—	—

注：high_edu 表示劳动力市场和受教育年限的交互作用项；
high_exp 表示劳动力市场和工作经验的交互作用项；
high_exp^2 表示劳动力市场和工作经验平方的交互作用项；
high_male 表示劳动力市场和性别虚拟变量的交互作用项；
high_marri 表示劳动力市场和婚姻状况虚拟变量的交互作用项。

邹检验是一种 F 检验，原假设为：H_0：$\beta = 0$，$\beta_1 = 0$，$\beta_2 = 0$，$\beta_3 = 0$，$\beta_4 = 0$，$\beta_5 = 0$。备择假设为 H_1：β、β_1、β_2、β_3、β_4、β_5 中至少有一个不为 0。经过计算，尽管从单个来看，劳动力市场以及它的每一个交互项都不显著，但是这些系数都等于 0 的联合假设却被拒绝了。换言之，主要劳动力市场和次要劳动力市场的收入方程的确存在差异。表 5 - 11 中的判定系数为 0.2244，大于未做邹检验的总体回归方程判定系数 0.2240，表明对全体样本而言，存在两个收入方程而不是一个收入方程，并且两个收入方程比一个收入方程更具有解释力。至此，我们更准确的再一次验证了劳动力市场的学历分割。

尽管我们对主、次劳动力市场的定义和区分，并不局限于工作所在的所有制部门、行业或地区，而是根据职位报酬、待遇等结果来描述，但在劳动者找工作和就业过程中，当职位的选择是非随机时，样本选择性偏差就可能存在，未观测到的职位选择的劳动者个人特征和偏好（如 IQ，企业家能力，创造力，天赋，家庭与工作的取舍等），在调查中不能观测到但会影响职位选择行为，也会影响工资水平（赫克曼，1976），所以我们采用赫克曼二阶段法来对样本进行纠偏，比较与 OLS 的结果。

表 5 - 12 显示，逆米尔斯比率的 P 值为 0.050，我们可以拒绝不存在选择性偏差的虚拟假设，即 $\rho = 0$，因而可以说明用 OLS 估计的确存在样本选择性偏差问题，有必要采取赫克曼二

阶段法估计方程。在经过纠偏后的第二阶段回归中，受教育年限的回归系数为 -0.1854，主要劳动力市场与受教育年限的交互变量系数为 0.2060，表明对于次要劳动力市场的劳动者，教育收益率为 -0.1854，对于主要劳动力市场的劳动者，教育收益率为 0.1854 + 0.2060 = 0.3914。也就是说，对于个体劳动者而言，教育投资在主要劳动力市场的收益明显高于次要劳动力市场，这个结果与经验相符，并且数据显示在 1% 的水平上统计显著，的确比 OLS 结果更好。

表 5 - 12　　　　　　　　赫克曼二阶段法回归结果

	选择方程		
	系数	标准差	显著性水平
受教育年限	0.4209	0.0158	0.0000
工作经验	0.0472	0.0089	0.0000
工作经验的平方	-0.0012	0.0002	0.0000
男性	0.0750	0.0489	0.1250
已婚	0.2231	0.1492	0.1350
本地户口	0.4913	0.1297	0.0000
个人医疗支出	0.0000	0.0000	0.5460
年龄	-0.0001	0.0037	0.9790
找另一份工作	-0.1698	0.0787	0.0310
孩子个数	-0.0602	0.0444	0.1750
劳动力市场	0.8371	0.0904	0.0000

续表

	选择方程		
常数项	− 6. 5787	0. 3201	0. 0000
	收入方程		
受教育年限	− 0. 1854	0. 0621	0. 0030
工作经验	0. 0233	0. 0100	0. 0200
工作经验的平方	− 0. 0003	0. 0003	0. 2540
男性	0. 1999	0. 0403	0. 0000
已婚	0. 4035	0. 1374	0. 0030
劳动力市场	− 2. 8407	0. 9956	0. 0040
high_edu	0. 2060	0. 0599	0. 0010
high_exp	0. 0013	0. 0109	0. 9050
high_exp^2	− 0. 0002	0. 0003	0. 5210
high_male	0. 0656	0. 0516	0. 2030
high_marri	− 0. 2132	0. 1745	0. 2220
常数项	12. 4604	1. 0609	0. 0000
逆米尔斯比第二阶段	− 0. 5304	0. 1903	0. 0050
回归标准误	0. 6691	—	—
Wald chi2 (11)	249	—	—
显著性水平	0. 0000	—	—
观测数	5809	—	—

注：high_edu 表示劳动力市场和受教育年限的交互作用项；

high_exp 表示劳动力市场和工作经验的交互作用项；

high_exp^2 表示劳动力市场和工作经验平方的交互作用项；

high_male 表示劳动力市场和性别虚拟变量的交互作用项；

high_marri 表示劳动力市场和婚姻状况虚拟变量的交互作用项。

对于纠偏后的样本，同样我们也可以进行邹检验。第二阶段的回归结果显示，劳动力市场和劳动力市场与教育的交互项在1%的水平上都是统计显著的。除此之外，劳动力市场与其他变量的交互项，单个来看都不显著，但是这些系数都等于0的联合假设却被拒绝了。也就是说，纠偏后的回归结果同样告诉我们：主要劳动力市场和次要劳动力市场的收入方程的确存在差异。虽然纠偏后的收入方程标准回归稍稍大于纠偏之前的结果，然而这不影响对于结果的分析，即：对全体样本而言，劳动力市场上存在两个收入方程而不是一个收入方程，两个收入方程对市场的诠释更为有力。至此，我们完成了验证大学学历带来劳动力市场两级分割三部曲，解决了本书提出的一个问题，教育扩展在某些时候与劳动力市场分割是并行不悖，而非传统认识上的教育可以促进流动，减弱分割。

第 **6** 章

劳动力市场学历
分割程度的测量

第 5 章实际上完成了两项工作：第一，运用两种方法验证了城镇劳动力市场学历分割的客观存在性，证明中国城市劳动力市场存在着主要劳动力市场和次要劳动力市场的分割，同时，每个市场内部又存在着各种差异。明瑟收入方程法证明两级市场具有两个工资方程，高学历劳动者教育回报率显著高于低学历劳动者。二者流动困难，对于竞争性行业或非国有制部门，生产函数决定低学历者无法从事为高学历者提供的工作岗位，对于垄断性行业或国有制部门，高学历者准入的外部性制度规定也将低学历者拒之门外。所以，这种两级市场的分割，既体现了劳动者就业于国有制部门与非国有制部门的差异，又包括了垄断性行业与竞争性行业的悬殊，从劳动者的职位特征角度来考察，因为国有制部门也有临时工，非国有部门也有固定工，同样垄断性行业也有低收入者，竞争性行业也有高收入者，即"好工作"与"差工作"的区分从劳动者工作岗位特点来分析更为全面和客观。考察的结果发现，是否具有高等教育学历成为获取"好工作"的一个重要手段或者是标志性的判断。第二，通过验证学历分割，从微观层面说明了教育扩展对劳动力市场分割形成了促进。发达国家的历史经验告诉我们，一个国家或地区大学毕业生人数占劳动者比重比较低的时候，高等学府扩招会带来高学历劳动者供给增加，在一定时期内，如果市场对高学历劳动者需求不变或者需求增加的速度慢于扩招的速度，扩招的结果是使高学历劳动者价格（即收入）降低；另外，在人口总量既定或人口增长速度低于扩招的速度，同时市场对低学历劳动者需求不变，扩招的结果是使低学历劳动者价格（即收入）提高。中国现实的情况是，还存在相当的部门对高学历劳动者有过度需求，市场上并未出现供过于求的情形，高学历劳动者的价格没有被降低而是继续拉高，反映在明瑟收入方程中是教育收益率仍在上升而不是下降；而低学历劳动者的收入虽然随着整体经济发展和受市场影响有相当提高，但其教育收益率仍低于主要劳动力市场的劳动者。这其实是一个教育与收入分配悖论，但我们有理由相信这是短期的而不是长期的，在长期中悖论可以得到消除，在长期中教育扩展不会扩大高学历劳动者和低学历劳动者之间的差异，不会增加次要劳动力市场向主要劳动力市场流动的难度。那么，这将是我们接下来的工作，首先度量劳动力市场分割的程度，其次度量地区教育水平，进而分析二者之间的走向或关系。

本章的重点就是用计量经济学的方法构造出中国劳动力市场学历分割的程度指数，利用该指数计算出历年中国城镇总分割指数的具体数值，并比较在此水平下高学历劳动者和低学历劳动者进入不同层次劳动力市场的差异。本章分为四个部分叙述，6.1节介绍本章使用的数据基本情况，并构造出测量分割程度的劳动力市场分割指数；6.2节利用数据测量中国城镇劳动力市场学历分割程度；6.3节比较不同行业间的学历分割程度差异；6.4节比较不同所有制部门的学历分割程度差异；6.5节比较我国不同地区学历分割程度。

6.1

分割指数的构建与数据交代

劳动力市场分割是市场失灵的一种表现，该理论是针对新古典经济学劳动力市场方面的缺陷提出的。新古典经济学和现代古典经济学家认为工资不平等的来源有五个方面：补偿性差异，人力资本投资差异，职业进入壁垒形成的差异，季节性或周期性等因素造成的短期差异，职业选择差异。劳动力市场分割理论重点研究第三种差异，特别是制度壁垒对劳动力流动和工资不平等的影响。实际上，劳动力市场分割理论自提出以来，很多学者都使用数据对其进行了验证，如博赞基特和多林格（1973）、麦克纳布和普斯罗伯利（1981）、威廉·狄更斯和郎·凯文（1985，1988）、根德林（1991）、托马斯和瓦利（1996），赫伯特（1999），里德和鲁宾（2003）。但是对分割程度进行测量的文献并不多，奥尔（1997）最早做了这方面的尝试，他利用明瑟工资方程构建了一个劳动力市场分割指数，据此对美国的城市劳动力市场分割程度进行了测量，并对不同城市的分割程度做了横向比较。在此基础上，综合考察了多种指标与该分割指数的相关性，检验了其合理性。张昭时（2009）借鉴奥尔（1997）的思路，针对中国劳动力市场城乡分割严重的现象，构建了一个城乡分割指数，并利用该指数测量了 2006 年份不同所有制、行业的城乡分割程度。本书使用张昭时（2009）城乡分割指数的方法和思路，稍作调整，来测量中国城市劳动力市场的学历分割，具体步骤如下：

首先，建立全体样本的明瑟方程：

$$lnwage_1 = \alpha + \beta edu + \gamma_1 exp + \gamma_2 exp^2 + \gamma_3 male + \gamma_4 marri + \varepsilon$$

方程（6.1）

其中，wage 为劳动者的劳动收入，lnwage 表示工资或个人收入的自然对数，edu 代表劳动者的受教育年限，exp 表示劳动者在劳动力市场中的工作年限，exp^2 则代表工作年限的平方，male 表示性别，marri 代表婚姻状况，ε 为随机误差项，下同。

其次，在方程（6.1）的基础上加入"大学学历"这一虚拟变量 high，并建立 high 与其他所有变量的交互变量，即：

$$lnwage_2 = \alpha + \beta edu + \gamma_1 exp + \gamma_2 exp^2 + \gamma_3 male + \gamma_4 marri +$$
$$\delta high + \beta_1 high\_edu + \beta_2 high\_exp + \beta_3 high\_exp^2 +$$
$$\beta_4 high\_male + \beta_5 high\_marri + \varepsilon \qquad 方程（6.2）$$

然后，估计方程（6.1）和方程（6.2），并分别计算两个方程的残差估计值：$\hat{\varepsilon}_1 = lnwage_1 - ln\hat{w}age_1$，$\hat{\varepsilon}_2 = lnwage_2 - ln\hat{w}age_2$。令 $\hat{\varepsilon}_0 = \left| |\hat{\varepsilon}_1| - |\hat{\varepsilon}_2| \right|$，我们认为 $\hat{\varepsilon}_0$ 反映了 $ln\hat{w}age_2$ 中大学学历解释的部分，因此，本书构建如下学历分割指数：

$$SegIndex = \frac{\sum \hat{\varepsilon}_0}{n \cdot \overline{ln\hat{w}age_2}} \times 100 \qquad 方程（6.3）$$

其中，n 是样本观测数，$\overline{ln\hat{w}age_2}$ 是估计的劳动者收入对数的均值。由于我们认为具有高等教育学历让劳动者在劳动力市场中形成一种被选择性的分割，在方程（6.1）和方程（6.2）中用受教育程度 edu 这一变量衡量出了劳动者最重要的人力资本水平。因此，大学学历作为代表劳动者某种身份的因素，而不只是职位本身的需要，也成为两级市场的一个根本差别，比时两个方程存在显著性差异，并且每个个体的 $\hat{\varepsilon}_0$ 代表其全部可解释收入 $\ln\hat{w}age_2$ 中由大学学历因素解释的部分，大学学历作用越大，Index 值就越大，表明学历分割的程度越高；反之，大学学历作用越小，Index 值就越小，表明学历分割的程度越低。分割指数计算的是从劳动者个体平均可解释收入 $\sum \hat{\varepsilon}_0/n$ 占全部可解释收入 $\ln\hat{w}age_2$ 的比重，以此来测量劳动力市场分割程度。该指数的构建方法经过张昭时（2009）在奥尔（1997）的方法上改进，本书只在此基础上将指数形式乘以 100，使其最后取值落在了（0，100）的区间，在判断学历分割程度时更具有直接有效性。本书将使用方程（6.3）测量劳动力市场分割程度，并对不同行业和所有制部门的学历分割差异进行比较。

本章使用的数据是 1988 年、1995 年、2002 年、2007 年、2008 年中国城镇住户调查数据（CHIP）。本书第 5 章利用 2008 年的中国城镇住户调查数据，依据聚类分析方法和人力资本模型法两种方法，都证明了学历分割的存在性，本章在此基础上对历年来劳动力市场分割程度进行测量。综合比较两种不同实证方法，聚类分析法是一种统计学的方法，有效避免了事先分类造成的结果偏差；人力资本模型法的运用，虽然以对劳动者的事先分类为前提，但这是建立在两类结果已经得到聚类分析验证基础之上的，而且使用了赫克曼二阶段法有效地避免了样本选择性偏差的问题，同时与本章建立的分割指数都以明瑟收益方程为基本模型，为了保证研究前后的一致性便于比较分析，本章将人力资本模型法对劳动力市场的分类方法引入到后面的章节。

6.2

城镇劳动力市场学历分割程度检测

6.2.1　样本统计描述

分割是市场的一种状态，从微观经济学理论来看，它是市场不完全竞争性及市场失灵的一种表现，尤其是制度性分割。依据人力资本理论的基本观点，更高的人力资本投资水平对应着更高的收益水平，高等教育学历在此成为区分劳动者劳动能力的一个重要信号，然而这种信号的功能存在有被放大的可能性，以致越来越多的部门和行业均以此作为提供好工作职位的起码条件，而并不是从生产函数设计角度计算与各个职位相匹配的劳动者知识水平，同时还有与之相关的专业技能、工作经验更加不受重视，此时大学学历就实实在在地带来和形成了劳动力市场上的分割。本章主要从一般意义上对此分割程度进行测量。

为了更直观地了解样本信息，我们列出来了相关变量的统计性描述结果，表 6 - 1 和表 6 - 2 分别报告了从 1988 年至 2008 年主要劳动力市场和次要劳动力市场样本统计量情况。

表 6 - 1　　　　主要劳动力市场样本统计量描述

变量	1988 年	1995 年	2002 年	2007 年	2008 年
年收入	1183.05 *607.58*	7758.77 *5231.41*	15592.12 *9990.42*	35037.93 *35122.25*	40458.41 *39571.57*
医疗支出	— —	187.02 *410.78*	352.32 *1533.67*	383.70 *2550.22*	346.70 *1261.96*
受教育年限	15.42 *0.49*	15.77 *1.24*	15.70 *1.04*	16.00 *1.70*	16.04 *2.14*
工作经验	24.70 *10.58*	20.24 *10.87*	16.86 *9.89*	12.17 *210.62*	11.92 *8.72*
年龄	40.70 *10.58*	39.66 *11.40*	36.12 *10.46*	36.45 *8.74*	35.85 *8.42*
周工作时间	— —	41.52 *7.47*	40.12 *6.72*	50.74 *17.86*	42.03 *8.26*
性别（男性 =1）	0.64 *0.48*	0.62 *0.49*	0.58 *0.49*	0.56 *0.50*	0.57 *0.50*
婚姻状（有配偶 =1）	— —	0.83 *0.38*	0.73 *0.44*	0.71 *0.45*	0.73 *0.44*
户籍（本地 =1）	— —	— —	1.00 *0.05*	0.96 *0.19*	0.96 *0.19*

续表

变量	1988 年	1995 年	2002 年	2007 年	2008 年
所有制 （国有 = 1）	0.85 *0.36*	0.84 *0.37*	0.66 *0.47*	0.57 *0.50*	0.58 *0.49*
观测值	2650	1794	2099	1788	2083

注：1. 表中斜体表示标准差；2. 婚姻状况：未婚、离异、丧偶为 0，已婚、再婚、同居为 1。

表 6 - 2　　　　　　次要劳动力市场样本统计量描述

变量	1988 年	1995 年	2002 年	2007 年	2008 年
年收入	970.02 *454.94*	6249.79 *4386.56*	10277.90 *8116.50*	24328.23 *21342.22*	27479.29 *31892.96*
医疗支出	— —	201.15 *1011.31*	417.61 *1999.52*	404.47 *1954.29*	370.88 *1217.18*
受教育年限	8.58 *3.83*	9.97 *2.44*	10.21 *2.58*	10.57 *2.21*	10.64 *2.14*
工作经验	18.84 *11.96*	19.87 *9.80*	21.26 *9.22*	15.03 *10.47*	15.50 *10.96*
年龄	34.84 *11.96*	37.06 *11.32*	39.42 *11.66*	43.06 *9.23*	43.32 *8.89*
周工作时间	— —	42.70 *8.68*	40.54 *7.90*	53.93 *17.37*	44.72 *11.91*
性别 （男性 = 1）	0.49 *0.50*	0.49 *0.50*	0.50 *0.50*	0.56 *0.50*	0.57 *0.50*
婚姻状况 （有配偶 = 1）	— —	0.79 *0.41*	0.79 *0.40*	0.88 *0.32*	0.90 *0.30*

变量	1988 年	1995 年	2002 年	2007 年	2008 年
户籍 （本地 = 1）	— —	— —	0. 99 *0. 09*	0. 94 *0. 23*	0. 95 *0. 22*
所有制类型 （国有 = 1）	0. 61 *0. 49*	0. 68 *0. 47*	0. 41 *0. 49*	0. 46 *0. 50*	0. 45 *0. 50*
观测值	19168	13018	11678	4796	4629

注：1 表中斜体表示标准差；2 婚姻状况：未婚、离异、丧偶为 0，已婚、再婚、同居为 1。

首先，考察收入。1988 年，主要市场劳动者均值为 1183. 05 元，次要市场劳动者均值为 970. 02 元，前者是后者的 1. 22 倍，到 1995 年这一差距扩大到为 1. 24 倍，2002 年 1. 5 倍，2007 年 1. 44 倍，2008 年 1. 47 倍。说明从 1988 年以来的 20 年高学历劳动者与低学历劳动者之间的收入差距保持稳步扩大的趋势。比较受教育年限水平，1988 年主要市场为 15. 42 年，次要市场为 8. 58 年，前者是后者的 1. 79 倍，此后该数值分别为 1. 58 倍、1. 54 倍、1. 51 倍、1. 51 倍，对此我们可以得出以下认识：第一，主要市场和次要市场劳动者的收入近 20 年来都在增长（当然这其中要剔除货币价格的影响），两个市场劳动者的受教育年限近 20 年来也都在提高，说明除了经济发展水平、市场等外在因素，个人人力资本水平（主要是受教育水平）的提高对收入增长带来了直接或间接不可否认的贡献。第二，但是这种贡献率（即教育收益率）的变化却是有问题的。主要市场劳动者与次要市场劳动者之间教育年限的差距比在逐年缩小，收入差距比却逐年扩大，说明剔除其他变量的影响，劳动者收入水平的提高除了来自教育水平的提高，还有一部分来自于教育收益率的提高，而其中更多的是高等教育收益率的效果。实际上这与高等教育收益率的相关研究结果也是吻合的（陈纯槿，2012；李宏斌，2012）。我国自 1998 年实施高等教育扩张政策，按照市场供需分析，该政策有助于降低高等教育收益率，美国等发达国家的经验也证明了这一点。但在中国高等教育收益率却仍保持增长趋势，这是一个悖论，也是本书提出的一个基本问题：即市场存在对高学历劳动者的过度需求，这种过度需求旺盛亦成为一种外生性的制度要求。

其次，从工作经验来考察，主要市场的平均工作年限保持下降，次要市场平均工作年限先下降后上升。两个市场之间的差距和变化分两个阶段：高等教育扩招之前，主要市场比次要市场高。在 1988 年二者差距是 5.86 年，到 1995 年，差距缩小到了 0.37 年。这一差距到高等教育扩招之后就被逆转，主要市场工作经验反而低于次要市场。2002 年主要市场比次要市场工作经验平均水平低 4.4 年，这个差距非常大，反映扩招初期带来劳动者受教育程度提高的效果较为明显，到 21 世纪初，国家逐渐放缓扩招力度，2007年主、次市场劳动者工作经验差距缩小为2.86年，2008年为3.58年。

再其次，从年龄结构考察，主要市场直线下降，由1988年的40.70岁下降到2008年的35.85岁，次要市场稳步上升，由1988年的34.84岁增加到2008年的43.42岁。显示主要市场劳动者不断年轻化、高学历化的发展趋势，而次要市场劳动力年龄则偏大。我们还可从性别变量上了解到，主要市场中男性比重始终高于女性，但男性比重逐年下降，次要市场男性比重由1988年的49%不断增加，到2008年的57%。这种变化使得主、次市场男性比重的差距不断缩小，1988年高学历劳动者中男性的比例远高于低学历劳动者中男性的比例，分别为64%和49%，扩招初期这种差异已经明显缩小，2002年分别为58%和50%，到2007年和2008年，两个市场的男性比例已经完全相等。婚姻状况上，主要市场劳动者有配偶的比率在下降，次要市场劳动者有配偶的比率却在上升，2008年次要市场有配偶劳动者占比高达90%，而主要市场的这一比例仅为73%。

最后，我们考察一个重要的变量——所有制类型。我们将政府部门、事业单位，以及国有独资、国有控股企业划为国有，其余的划为非国有得到以下描述结果。近20年来，两个市场中国有占比都在显著下降，这反映了国企改革的效果。尤其是主要市场在1988年，国有比重高达85%，是同年次要市场的 1.39 倍，到 1995 年这数值减小到 1.23 倍，新世纪以来尽管两个市场国有比重都在急剧下降，但是主要市场劳动者相对次要市场始终拥有更多的国有部门岗位，2002 年前者是后者的 1.6 倍，比改革之前差距更大，2007 年和 2008 年这个数字稍有回落，分别是 1.23 倍和 1.29 倍。一般而言，国有部门代表着稳定的收入、更多的晋升机会和完善的社会保障福利待遇，而以上数据至少能从一个方面说明主、次劳动力市场之间存在的某种分割。

6.2.2　工资方程估算

依据 1988～2008 年 5 年样本全部个体，我们分别对方程（6.1）和方程（6.2）进行估计，结果如表 6-3 至表 6-7 所示。

表 6-3　　　　　　　　　1988 年全体样本工资方程估算

	方程（6.1）			方程（6.2）		
	系数	标准差	显著性水平	系数	标准差	显著性水平
edu	0.0167	0.0008	0.0000	0.0150	0.0011	0.0000
exp	0.0426	0.0008	0.0000	0.0433	0.0009	0.0000
exp^2	−0.0005	0.0000	0.0000	−0.0005	0.0000	0.0000
male	0.1010	0.0043	0.0000	0.0996	0.0046	0.0000

	方程（6.1）			方程（6.2）		
	系数	标准差	显著性水平	系数	标准差	显著性水平
high	—	—	—	−1.3986	0.1815	0.0000
high_edu	—	—	—	0.0987	0.0118	0.0000
high_exp	—	—	—	−0.0091	0.0028	0.0010
high_exp^2	—	—	—	0.0002	0.0001	0.0070
high_male	—	—	—	0.0017	0.0132	0.8980
_cons	5.9593	0.0119	0.0000	5.9705	0.0146	0.0000
显著性水平	0.0000			0.0000		
Adj R – squared	0.4616			0.4641		
观测数	17385					

注：该样本缺失婚否变量。

表6－4　　　　　1995年全体样本工资方程估算

	方程（6.1）			方程（6.2）		
	系数	标准差	显著性水平	系数	标准差	显著性水平
edu	0.0503	0.0017	0.0000	0.0530	0.0023	0.0000
exp	0.0497	0.0024	0.0000	0.0519	0.0025	0.0000
exp^2	−0.0007	0.0001	0.0000	−0.0008	0.0001	0.0000
male	0.1522	0.0106	0.0000	0.1590	0.0112	0.0000
marri	0.0901	0.0207	0.0000	0.0833	0.0220	0.0000
high	—	—	—	0.2370	0.2014	0.2390
high_edu	—	—	—	−0.0069	0.0125	0.5840

续表

	方程（6.1）			方程（6.2）		
	系数	标准差	显著性水平	系数	标准差	显著性水平
high_exp	—	—	—	-0.0179	0.0072	0.0130
high_exp^2	—	—	—	0.0003	0.0002	0.0400
high_male	—	—	—	-0.0636	0.0346	0.0660
high_marri	—	—	—	0.0733	0.0665	0.2700
_cons	7.2707	0.0275	0.0000	7.2231	0.0317	0.0000
显著性水平	0.0000			0.0000		
AdjR - squared	0.2021			0.2028		
观测数	12792					

表 6 - 5　　　　　　　　**2002 年全体样本工资方程估算**

	方程（6.1）			方程（6.2）		
	系数	标准差	显著性水平	系数	标准差	显著性水平
edu	0.0776	0.0021	0.0000	0.0724	0.0030	0.0000
exp	0.0277	0.0030	0.0000	0.0280	0.0034	0.0000
exp^2	-0.0002	0.0001	0.0010	-0.0002	0.0001	0.0070
male	0.1451	0.0129	0.0000	0.1445	0.0143	0.0000
marri	0.0526	0.0249	0.0350	0.0680	0.0288	0.0180
high	—	—	—	0.1098	0.2195	0.6170
high_edu	—	—	—	0.0009	0.0138	0.9480
high_exp	—	—	—	0.0061	0.0076	0.4260
high_exp^2	—	—	—	-0.0003	0.0002	0.1550

续表

	方程（6.1）			方程（6.2）		
	系数	标准差	显著性水平	系数	标准差	显著性水平
high_male	—	—	—	-0.0083	0.0329	0.8010
high_marri	—	—	—	-0.0673	0.0581	0.2470
_cons	7.7557	0.0376	0.0000	7.7752	0.0451	0.0000
显著性水平	0.0000			0.0000		
AdjR – squared	0.1864			0.1877		
观测数	8963					

表 6 – 6　　　　　**2007 年全体样本工资方程估算**

	方程（6.1）			方程（6.2）		
	系数	标准差	显著性水平	系数	标准差	显著性水平
edu	0.0625	0.0025	0.0000	0.0387	0.0045	0.0000
exp	0.0400	0.0031	0.0000	0.0373	0.0039	0.0000
exp^2	-0.0009	0.0001	0.0000	-0.0008	0.0001	0.0000
male	0.2303	0.0160	0.0000	0.2587	0.0206	0.0000
marri	0.1111	0.0228	0.0000	0.1125	0.0321	0.0000
high	—	—	—	0.4936	0.1056	0.0000
high_edu	—	—	—	-0.0138	0.0068	0.0440
high_exp	—	—	—	-0.0004	0.0064	0.9440
$high\_exp^2$	—	—	—	-0.0001	0.0002	0.6380
high_male	—	—	—	-0.0637	0.0321	0.0470
high_marri	—	—	—	0.0372	0.0458	0.4160

续表

	方程（6.1）			方程（6.2）		
	系数	标准差	显著性水平	系数	标准差	显著性水平
_cons	8.6882	0.0414	0.0000	8.8639	0.0614	0.0000
显著性水平	0.0000			0.0000		
Adj R – squared	0.1511			0.1730		
观测数	6560					

表 6 – 7　　　　　　　2008 年全体样本工资方程估算

	方程（6.1）			方程（6.2）		
	系数	标准差	显著性水平	系数	标准差	显著性水平
edu	0.0735	0.0024	0.0000	0.0708	0.0043	0.0000
exp	0.0448	0.0028	0.0000	0.0482	0.0033	0.0000
exp^2	– 0.0900	0.0001	0.0000	– 0.0010	0.0001	0.0000
male	0.2673	0.0155	0.0000	0.2764	0.0186	0.0000
marri	0.1127	0.0229	0.0000	0.1764	0.0311	0.0000
high	—	—	—	0.9528	0.1218	0.0000
high_edu	—	—	—	– 0.0442	0.0076	0.0000
high_exp	—	—	—	– 0.0116	0.0064	0.0710
$high\_exp^2$	—	—	—	0.0002	0.0002	0.2570
high_male	—	—	—	– 0.0268	0.0333	0.4210
high_marri	—	—	—	– 0.0516	0.0476	0.2780
_cons	8.5885	0.0399	0.0000	8.5030	0.0579	0.0000
显著性水平	0.0000			0.0000		

	方程（6.1）			方程（6.2）		
	系数	标准差	显著性水平	系数	标准差	显著性水平
AdjR – squared		0.2135			0.2135	
观测数			6661			

　　工资方程估算年份结果不完全一样，1995 年和 2002 年，虽然单个来看，学历变量在截距项或是与其他变量的交互项上，均显示不显著，也就是学历差异作为劳动者进入劳动力市场的一个身份特征对收入（lnwage）的解释作用不强，但这些系数都等于 0 的联合假设却被拒绝了，说明主要市场和次要市场劳动者的工资方程的确存在差异，换言之，在这两个年份也存在收入层面的学历分割现象。而在 1988 年、2007 年和 2008 年，学历变量在截距项上的影响都是显著的，与其他变量的交互项部分或者全部显著，说明在中国城镇劳动力市场，显著存在学历差异身份给劳动者就业带来的制度性分割。因而我们可以对这 5 年的总体样本估算结果进一步计算学历分割指数。

6.2.3　分割指数计算

　　依据 1988 年 17385 个全体样本，估计方程（6.1）和方程（6.2），结果如下：

$$\hat{\ln wage}_1 = 5.9593 + 0.0167edu + 0.0426exp - 0.0005exp^2 + 0.1010male$$

$$\qquad 0.0000 \qquad 0.0000 \qquad 0.0000 \qquad 0.0000 \qquad 0.0000$$

$$\hat{\ln wage}_2 = 5.9705 + 0.0150edu + 0.0433exp - 0.0005exp^2$$

$$\qquad 0.0000 \qquad 0.0000 \qquad 0.0000 \qquad 0.0000$$

$$\qquad + 0.0996male - 1.3986high + 0.0987high\_edu$$

$$\qquad 0.0000 \qquad\qquad\qquad 0.0000$$

$$\qquad - 0.0091high\_exp + 0.0002high\_exp^2$$

$$\qquad 0.0010 \qquad\qquad 0.0070$$

$$\qquad + 0.0017high\_male$$

$$\qquad 0.8980$$

根据方程（6.3）计算得到 1988 年的学历分割指数为：

$$SegIndex_{1988} = \frac{\sum \hat{\varepsilon}_0}{n \cdot \hat{\ln wage}_2} \times 100 = 0.13$$

同样，我们分别对 1995 年、2002 年、2007 年和 2008 年全体样本进行上述三个方程计算，分别得到各个年份的 $\hat{\ln Y}_1$、$\hat{\ln Y}_2$ 和 Index，如下：

1995 年：

$$\hat{\ln wage}_1 = 7.2707 + 0.0503edu + 0.0497exp - 0.0007exp^2$$

$$\qquad 0.0000 \qquad 0.0000 \qquad 0.0000 \qquad 0.0000$$

$$\qquad + 0.1522male + 0.0901marri$$

$$\qquad 0.0000 \qquad\qquad 0.0000$$

$$\ln\hat{wage}_2 = 7.2231 + 0.0530\,edu + 0.0519\,exp - 0.0008\,exp^2$$

$$\quad 0.0000 \quad\quad 0.0000 \quad\quad 0.0000 \quad\quad 0.0000$$

$$+ 0.1590\,male + 0.0833\,marri + 0.2370\,high$$

$$\quad 0.0000 \quad\quad\quad 0.0000 \quad\quad\quad 0.2390$$

$$- 0.0069\,high\_edu - 0.0179\,high\_exp + 0.0003\,high\_exp^2$$

$$\quad 0.5840 \quad\quad\quad 0.0130 \quad\quad\quad 0.0400$$

$$- 0.0636\,high\_male + 0.0733\,high\_marri$$

$$\quad 0.0660 \quad\quad\quad\quad 0.2700$$

$$SegIndex_{1995} = \frac{\sum \hat{\varepsilon}_0}{n \cdot \overline{\ln\hat{wage}_2}} \times 100 = 0.14$$

2002 年：

$$\ln\hat{wage}_1 = 7.7557 + 0.0776\,edu + 0.0277\,exp - 0.0002\,exp^2$$

$$\quad 0.0000 \quad\quad 0.0000 \quad\quad 0.0000 \quad\quad 0.0010$$

$$+ 0.1451\,male + 0.0526\,marri$$

$$\quad 0.0000 \quad\quad\quad 0.0350$$

$$\ln\hat{wage}_2 = 7.7752 + 0.0530\,edu + 0.0519\,exp - 0.0008\,exp^2$$

$$\quad 0.0000 \quad\quad 0.0000 \quad\quad 0.0000 \quad\quad 0.0070$$

$$+ 0.1590\,male + 0.0833\,marri + 0.2370\,high$$

$$\quad 0.0000 \quad\quad\quad 0.0180 \quad\quad\quad 0.6170$$

$$- 0.0069\,high\_edu - 0.0179\,high\_exp + 0.0003\,high\_exp^2$$

$$\quad 0.9480 \quad\quad\quad 0.4260 \quad\quad\quad 0.1550$$

$$-0.0636 \text{high\_male} + 0.0733 \text{high\_marri}$$

$$0.8010 \qquad\qquad 0.2470$$

$$\text{SegIndex}_{2002} = \frac{\sum \hat{\varepsilon}_0}{n \cdot \ln\hat{w}\text{age}_2} \times 100 = 0.22$$

2007 年：

$$\ln\hat{w}\text{age}_1 = 8.5885 + 0.0735 \text{edu} + 0.0448 \exp - 0.0009 \exp^2$$

$$0.0000 \qquad 0.0000 \qquad\quad 0.0000 \qquad\quad 0.0000$$

$$+ 0.2673 \text{male} + 0.1127 \text{marri}$$

$$0.0000 \qquad\qquad 0.0000$$

$$\ln\hat{w}\text{age}_2 = 8.5030 + 0.0708 \text{edu} + 0.0482 \exp - 0.0010 \exp^2$$

$$0.0000 \qquad 0.0000 \qquad\quad 0.0000 \qquad\quad 0.0000$$

$$+ 0.2764 \text{male} + 0.1764 \text{marri} + 0.9528 \text{high}$$

$$0.0000 \qquad\qquad 0.0000 \qquad\qquad 0.0000$$

$$- 0.0442 \text{high\_edu} - 0.0116 \text{high\_exp} + 0.0002 \text{high\_exp}^2$$

$$0.0440 \qquad\qquad 0.9440 \qquad\qquad 0.6380$$

$$- 0.0268 \text{high\_male} - 0.0516 \text{high\_marri}$$

$$0.0470 \qquad\qquad 0.4160$$

$$\text{SegIndex}_{2007} = \frac{\sum \hat{\varepsilon}_0}{n \cdot \ln\hat{w}\text{age}_2} \times 100 = 0.80$$

2008 年：

$$\ln\hat{w}\text{age}_1 = 8.6842 + 0.0731 \text{edu} + 0.0424 \exp - 0.0009 \exp^2$$

$$0.0000 \quad 0.0000 \quad 0.0000 \quad 0.0000$$

$$+0.2602\,\text{male}+0.1073\,\text{marri}$$

$$0.0000 \quad 0.0000$$

$$\ln\hat{\text{wage}}_2 = 8.5450+0.0720\,\text{edu}+0.0455\,\text{exp}-0.0009\,\text{exp}^2$$

$$0.0000 \quad 0.0000 \quad 0.0000 \quad 0.0000$$

$$+0.2683\,\text{male}+0.1701\,\text{marri}+1.0001\,\text{high}$$

$$0.0000 \quad 0.0000 \quad 0.0000$$

$$-0.0486\,\text{high\_edu}-0.0106\,\text{high\_exp}-0.0002\,\text{high\_exp}^2$$

$$0.0000 \quad 0.0780 \quad 0.3640$$

$$-0.0231\,\text{high\_male}+0.0462\,\text{high\_marri}$$

$$0.4850 \quad 0.3280$$

$$\text{SegIndex}_{2008} = \frac{\sum \varepsilon_0}{n \cdot \ln\hat{\text{wage}}_2} \times 100 = 0.41$$

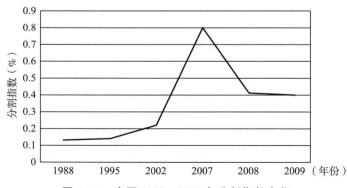

图 6-1　全国 1988~2009 年分割指数变化

　　结果表明，从收入回报层面来看，以大学学历为身份代表的高学历劳动者和低学历劳动者之间确实存在制度性的不平等，不过收入回报中由是否具有这种学历身份所决定的比重不是很高，说明在既有的就业状态下，中国城镇劳动力市场的学历分割程度并不是太高。1988 年、1995 年、2002 年、2007 年和 2008 年计算得出的分割指数分别是 0.13、0.14、0.22、0.80 和 0.41（如图 6 - 1 所示），但观察这些数据，我们发现一个很明显的趋势，近 20 年来分割程度在显著扩大，特别是实施高等教育扩招政策近 10 年以来，主要市场与次要市场的收入层面的分割程度急剧拉大。社会普通民众、学界对此纷纷展开讨论，有不少声音针对高等教育扩招政策提出质疑，甚至怀疑教育的功能。本书研究至此，发现在一定的历史条件下，从微观的视角来看，高等教育扩展与目前中国劳动市场分割有相关关系，虽然这种关系可能建立在更广阔的背景条件下，但至少目前实证结果证明该种关系客观存在。

6.3

城镇劳动力市场学历分割程度

在不同行业间的比较

　　鉴于上一节的计算结果，2007 年、2008 年学历分割程度较高，我们继续考察这两个年份样本劳动力市场分割的行业差异（如表 6 - 8 所示）。

表 6 - 8　　　　2007 年、2008 年样本行业就业分布

大类	行业名称	2007 年	2008 年
1	（1）农林牧渔业 （2）采矿业 （5）建筑业	368	371
2	（3）制造业	1188	1140
3	（8）批发和零售业	867	894
4	（4）电力、燃气及水的生产和供应业 （6）交通运输、仓储和邮政业	867	858
5	（7）信息传输、计算机服务和软件业 （10）金融业 （11）房地产业	648	664
6	（9）住宿和餐饮业	238	243
7	（12）租赁和商务服务业 （15）居民服务和其他服务业	935	977
8	（13）科学研究、技术服务和地址勘查业 （14）水利、环境和公共设施管理业 （16）教育 （17）卫生、社会保障和社会福利业 （18）文化、体育和娱乐业 （19）公共管理和社会组织 （20）国际组织	1473	1565

国家统计局将劳动者就业行业分成20类，考虑到样本数的限制和行业性质归类对于分析的现实意义，我们对基本的20类行业做了大类归并。岳希明、李实（2010）针对中国各部门的分类，认为（4）、（6）、（10）属于垄断性行业，（5）、（8）、（9）、（15）属于竞争性行业。2011年国务院农民工办课题组《新生代农民工的数量、结构和特点》揭示，第二代农民工从业主要分布在（3）、（5）、（6）、（8）、（9）、（15），这其中绝大多数都是竞争性行业，只有（6）比较特殊，我们在第4章统计描述中发现，该行业既吸纳较多高学历者就业，也集中了较多低学历者从业。鉴于以上综合考虑，我们将20类行业归并为8大类：（1）、（2）和（5）是就业环境最为艰苦的，合为一类（类1），（3）、（8）、（9）是竞争性行业的代表，且样本在其中分布均匀，因此单独成类，分别为类2、类3、类6，（4）、（6）属于传统的垄断性行业，合为一类（类4），（7）、（10）、（11）则是现代经济新兴的高收益垄断行业，合为一类（类5），（12）、（15）都是服务业，归为一类（类7），最后剩下是科教文卫事业，以及各种公共组织和社会组织，要求有较高的文化知识和社会活动能力，归为一类（类8）。完成类别归并之后，对每一类行业进行收入方程和分割指数的计算，计算过程如下：

$$lnwage_{h1} = \alpha + \beta edu_h + \gamma_1 exp_h + \gamma_2 exp_h^2 + \gamma_3 male_h + \gamma_4 marri_h + \varepsilon_h$$

方程（6.4）

$$lnwage_{h2} = \alpha + \beta edu_h + \gamma_1 exp_h + \gamma_2 exp_h^2 + \gamma_3 male_h +$$
$$\gamma_4 marri_h \delta high_h + \beta_1 high\_edu_h + \beta_2 high\_exp_h +$$
$$\beta_3 high\_exp_h^2 + \beta_4 high\_male_h + \beta_5 high\_marri_h + \varepsilon_h$$

方程（6.5）

类似的，分别计算两个方程的残差估计值：$\hat{\varepsilon}_{h1} = lnwage_{h1} - ln\hat{wage}_{h1}$，$\hat{\varepsilon}_{h2} = lnwage_{h2} - ln\hat{wage}_{h2}$。令 $\hat{\varepsilon}_{h0} = \left| |\hat{\varepsilon}_{h1}| - |\hat{\varepsilon}_{h2}| \right|$，则分割指数为：

$$SegIndex_h = \frac{\sum \hat{\varepsilon}_{h0}}{n_h \cdot ln\hat{wage}_{h2}} \times 100 \quad 方程（6.6）$$

其中，$h = 1, 2, 3 \cdots\cdots 8$，分别为表6-8中的8个行业大类，$n_h$ 为对应的各行业样本总数。依据不同年份每一类行业的样本数据，我们可以分别对方程（6.4）至方程（6.5）展开计算，结果如表6-9所示。

2007年不同行业分割程度由高到低的顺序为6>8>5>2>4>7>3>1。第一，分割程度最高的前三类行业是第6类、第8类和第5类。第8类行业主要是科教文卫事业和政府公共管理组织，这些部门的收入主要来自各项政府财政拨款，中央或地方财政按照单位编制发放工资和津贴，该行业聚集了大量公

表6-9　　2007年、2008年不同行业分割指数

2007年	第1类	第2类	第3类	第4类	第5类	第6类	第7类	第8类
$\frac{1}{n_h}\sum \hat{\varepsilon}_{h0}$	0.0526	0.0826	0.0560	0.0682	0.0883	0.0863	0.0571	0.0878
$\frac{1}{n_h}\sum \ln\hat{wage}_{h2}$	10.0527	9.9305	9.8489	10.0285	10.2464	9.6740	9.6636	10.1397
$SegIndex_h$	0.52	0.83	0.57	0.68	0.86	0.89	0.59	0.87
排序	8	4	7	5	3	1	6	2
2008年	第1类	第2类	第3类	第4类	第5类	第6类	第7类	第8类
$\frac{1}{n_h}\sum \hat{\varepsilon}_{h0}$	0.0510	0.0394	0.0720	0.0396	0.0708	0.0546	0.0414	0.0460
$\frac{1}{n_h}\sum \ln\hat{wage}_{h2}$	10.2495	10.0637	9.9141	10.1525	10.3775	9.8080	9.7660	10.2880
$SegIndex_h$	0.49	0.391	0.73	0.390	0.68	0.56	0.42	0.45
排序	4	7	1	8	2	3	6	5

注：表中数据为分割指数乘以100得到。

务员和事业单位编制内工作人员，成本预算软约束导致低效，以及较弱的业绩考核制度。但工作稳定，社会福利和社会保障待遇非常好，如公费医疗、子女上学享受最优教育资源等。劳动者一旦进入这些行业，只要不犯大错，基本上终身无忧，且能占有社会更多资源。总体上，高学历劳动者较之低学历劳动者拥有更高的人力资本和社会资本，资源稀缺性的假定让我们都可以接受拥有更多人力资本甚至社会资本的高学历劳动者获得这些"好工作"，然而这些部门的不少岗位外生性地排斥低学历劳动者，或者即使也提供给低学历劳动者职位，但与之对应的是低收入和较差的福利待遇，那么通过计算发现该行业的学历分割较为严重便是完全可以解释的。第 5 类与第 8 类相比，前者是高收益的垄断行业，后者是不产生经济效益的公共部门，但实际上二者都能优先占有更多资源。比较难解释的是第 6 类，它是比较典型的竞争性行业，随着经济发展和人们生活水平的提高，餐饮和住宿业作为一项传统的服务不断有新的发展，技术和水平也飞速提高，国外许多高校也都开设了"饭店经营学"之类的专业，培养专门的管理经营人才，然而该行业吸收的高学历劳动者是不多的，从数据描述中我们也发现，全体样本在该行业工作的高学历劳动者仅有 41 人，而更多的是低学历劳动者 197 人。尽管在同一行业工作，但是职位和工作性质不一样，从收入层面计算的分割指数较高也说明了这一点：并不是竞争行业与垄断行业之间才有分割，因为竞争性行业也有高收入高教育回报率的劳动者，垄断行业也有低收入、低教育回报率的劳动者，按照学历高低区分二元分割的劳动力市场才是更为客观和现实的做法。第二，分割程度最低的是第 1 类和第 3 类，这两类行业工作条件比较艰苦，而且收入不太稳定，社会保险和福利也较差，是低学历劳动者聚集度非常高的行业。

2008 年由高到低的顺序为 3 > 5 > 6 > 1 > 2 > 6 > 4 > 5。从各行业的分割指数来看，分割程度有明显下降。如 2007 年分割指数排名第一的是第 6 类，其值为 0.89，2008 年的最高值是第 3 类 0.73；从最低水平看也是如此，2007 年最低为 0.52，2008 年最低是 0.39。同时，另一个数值也能说明同样的问题，2007 年最高与最低的行业学历分割指数相差 0.37，2008 年这项数值降为 0.34。事实上，我们如果逐一比较两个年份 8 类行业的分割指数，会惊喜地发现，除了第 3 类批发零售业分割程度加深了以外，其余 7 类行业的分割程度都在减弱，而排序的变化主要受指数下降程度的影响。

值得注意的是，第 5 类与第 6 类在两个年份都保持了较高的分割程度，但这个行业性质迥异。前者是典型的高利润且垄断性较强的行业，后者却是竞争性极强的传统服务业；前者吸纳大量高学历劳动者和少部分低学历劳动者，后者结构相反，由大量低学历劳动者和少数高学历劳动者组成，两类行业对国内生产总值贡献悬殊较大，2011 年住宿和餐饮业 9172.8 亿元，仅占第三产业总值的 4.47%，金融业和房地产业 51666.3 亿元，占第三产业总值的 25.21%，如果加上信息传输、计算机服务和软件业这个比重将会更大。换一句说，一个是"好行业"，一个是"差行业"，劳动者分布结构的差异显示，"好行业"拥有较少的"差工作"，"差工作"提供较少的"好工作"，分割不拘囿与行业之间，行业内部同样存在，且数据告诉我们，"好行业"与"差行业"常常不期而遇，有着相同程度的分割。

最后的一个问题是：分行业计算的分割指数较之年度总分割指数非常小，且均小于总分割指数，这说明行业分割对总的学历分割指数贡献不大，更大程度上可能来自于其他宏观变量。

6.4

城镇劳动力市场学历分割程度
在不同所有制下的差异

目前中国的大学毕业生就业取向有这样一种导向：最优的选择是去党政机关，包括国家各级机关党政军组织，这些单位的绝大多数岗位都是固定工，收入稳定，社会福利待遇非常好，同时拥有较高的社会地位，很多岗位直接拥有对各种资源的支配权。这是中国自封建王朝以来留下的导向：学而优则仕，许多人寒窗苦读到博士阶段，只为在党政部门谋求一份稳定的工作。其次是事业单位，目前中国的事业单位包括学校、医院和各种党政机关的附属部门，虽然这不是权力机构，但同样有着稳定的收入与社会保障，也是一种非常体面的就业。再次便是企业，央企、国企得到国家的支持和保护并大都掌握相关领域的重要资源或核心技术，比国内其他企业具有先决性优势，劳动者一旦成为这两类企业的固定员工，不但终生有保障，而且收入水平非常高，可以称之为获得了一个"金饭碗"。最后，便是竞争性较强的外企，外资企业虽然不是铁饭碗，但在效率机制导向下，只要有业务能力并融入职业，收入也较丰厚。当然，所有这些好部门并不直接等于"好工作"，只有成为这些部门的内部员工，比如党政部门和事业单位编制范围内的固定工，才真正获得了有保障的就业。事实上，高学历劳动者虽然在城镇主要劳动力市场工作，其内部亦存在较大程度的分割，这种分割并不来自人力资本差异，而是更多的来自社会资本差异。

　　低学历劳动者的状况则更糟糕。例如，农民工这个群体，作为低学历劳动者的代表性群体，受人力资本和社会资源双低的限制，首先是他们高学历者对工作分类的认识，甚至不懂公务员与编制的概念，当然他们也没有档案，尽管近 20 年以来国家不断完善和加强人事管理，但人事档案只对有高学历劳动者有意义，没有读过大学的农民工在各种劳务市场上寻找工作，在各种岗位上临时就业，他们根本也没有人事档案。其次，即使部分低学历劳动者对就业的部门具有相关的认识和了解，但现行的制度是，"好工作"基本上完全排除低学历劳动者，虽然我们可以利用生产函数对此做一匹配度区分：某些岗位的确需要高学历劳动者，然而更多的岗位却不是这样。一个关于过度教育的研究很好地诠释了这一点。伍向荣、赖德胜（2010）使用 2008 年北京市企事业单位就业状况调查数据发现，在党政机关和事业单位过度教育发生率较高，分别为 60.00% 和 54.12%，如图 6 - 2 所示，该研究还发现城镇私营企业、地方国有企业和中央、省国有企业的过度教育发生率较高，分别为 57.04% 、55.35% 和 53.92%。[1]

赖德胜、石丹淅（2012）进一步测算了不同所有制类型企业过度教育的情况，结果发现在中外合资和外资企业、（中央、省）国有独资、国家控股企业、（地方）国有独资过度教育发生率较高，分别是 41% 、18% 、40.83% 、36.49% 和 29.26% ，如图 6 - 3 所示。而 1995 年的统计数据[2]也显示，（中央、省）国有企业、地方全民企业和国有制企业的过度教育发生率最高。[3]

---

[1] 武向荣，赖德胜. 过度教育发生率及其影响因素——基于北京市数据分析 [J]. 教育发展研究，2010（19）.

[2] 1995 年的数据来源于武向荣根据中国社科院全国收入分配数据撰写的文章《中国转型时期过度教育的经验研究》。

[3] 赖德胜. 2012 中国劳动力市场报告——高等教育扩招背景下的劳动力市场变革 [M]. 北京师范大学出版社，2012.

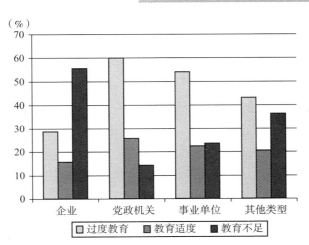

图 6 - 2　按所有制性质测算过度教育、教育适度、教育不足发生率

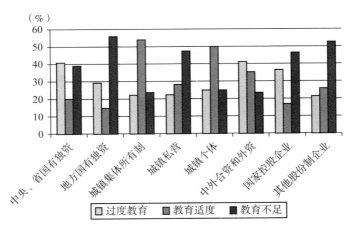

图 6 - 3　按所有制类型测算过度教育、教育适度、教育不足发生率

　　在这一节中，我们考察中国城镇劳动力市场学历分割在不

同所有制部门的情况。按照国家统计局对就业所有制部门的分类方法,2007 年和 2008 年城镇住户收入和就业调查的劳动者可以按照所有制类型不同分为 16 类,本书将具有共同性质的部门进行合并,最后形成政府部门、事业单位、国有企业、集体企业、私营企业、外资企业、民办和个体企业、其他企业 8 个类别,样本在各类中的分布如表 6 – 10 所示。

表 6 – 10 　　　　　　2007 年、2008 年样本所有制部门就业分布

大类	所有制名称	2007 年	2008 年
1. 党政	（1）党政机关	530	448
2. 事业	（2）国家集体事业单位	1517	1456
3. 国企	（4）国有独资企业 （5）国有控股企业 （12）国有控股的合资企业	1237	1473
4. 集企	（6）集体独资企业 （7）集体控股企业 （13）集体控股的合资企业	410	387
5. 私企	（8）私营独资企业 （9）私营控股企业 （14）私营控股的合资企业	1236	1241
6. 外企	（10）外资独资企业 （11）外资控股	294	296
7. 民个	（3）民办企事业 （15）个体	1168	1143
8. 其他	（16）其他企业	192	268

一般来说，第 1 类和第 2 类"好工作"比较多，"差工作"比较少；第 3 类"金饭碗"比较多，"瓷饭碗"比较少，但这仅仅是从岗位数量分布来看。另外，"好工作"与"差工作"的差异仍然很大，"金饭碗"与"瓷饭碗"的悬殊也不小，岗位的多寡与收入回报层面的分割程度关系不大，或者换言之，劳动力市场的学历分割仍然只能通过我们设计的分割指数来测量。与城镇劳动力市场不同行业的学历分割指数计算方法相同，我们对 2007 年和 2008 年的数据按照重新分类后的所有制部门分别观测其工资方程，进而利用两个方程残差绝对值的差计算每个所有制部门的学历分割指数。计算步骤依次是：

$$\text{lnwage}_{s1} = \alpha + \beta \text{edu}_s + \gamma_1 \exp_s + \gamma_2 \exp_s^2 + \gamma_3 \text{male}_s + \gamma_4 \text{marri}_s + \varepsilon_s$$

方程（6.7）

$$\begin{aligned}\text{lnwage}_{s2} = {} & \alpha + \beta \text{edu}_s + \gamma_1 \exp_s + \gamma_2 \exp_s^2 + \gamma_3 \text{male}_s + \gamma_4 \text{marri}_s \delta \text{high}_s \\ & + \beta_1 \text{high\_edu}_s + \beta_2 \text{high\_exp}_s + \beta_3 \text{high\_exp}_s^2 \\ & + \beta_4 \text{high\_male}_s + \beta_s \text{high\_marri}_s + \varepsilon_s \qquad \text{方程（6.8）}\end{aligned}$$

类似的，分别计算两个方程的残差估计值：$\hat{\varepsilon}_{s1} = \text{lnwage}_{s1} - \text{ln}\hat{\text{w}}\text{age}_{s1}$，$\hat{\varepsilon}_{s2} = \text{lnwage}_{s2} - \text{ln}\hat{\text{w}}\text{age}_{s2}$。令 $\hat{\varepsilon}_{s0} = \Big| |\hat{\varepsilon}_{s1}| - |\hat{\varepsilon}_{s2}| \Big|$，则分割指数为：

$$\text{SegIndex}_s = \frac{\sum \hat{\varepsilon}_{s0}}{n_s \cdot \text{ln}\hat{\text{w}}\text{age}_{s2}} \times 100 \qquad \text{方程（6.9）}$$

· **171** ·

其中，s = 1，2，3，…，8，分别为表 6 - 10 中的 8 个所有制部门大类，n_s 为对应的各行业样本总数。依据不同年份每一类部门的样本数据，我们可以分别对方程（6.7）至方程（6.9）展开计算，结果如表 6 - 11 所示。

表 6 - 11 显示，2007 年所有制部门学历分割指数由高至低依次为 6 > 8 > 1 > 2 > 5 > 4 > 3 > 7，即外企 > 其他 > 党政 > 事业 > 私企 > 集企 > 国企 > 民个。一般来说，外资企业、党政机关的制度相对更完善，对劳动者的管理也更科学，张昭时（2009）测算的这些部门的城乡分割程度相对较低，然而数据在此显示的情形却不尽相同。外资企业的学历分割程度最高，其值为 1.33。其次是其他企业，分割指数均大于 1。外资企业一般具有以下几个特点：第一，有成熟的经营理念，注重传播企业文化，对于市场布局、投资决策、人才决策、制度决策依靠调查研究。非常重视人力资本的积累。第二，内部各种机构完善，各个职位和岗位全责明确，使员工能够各司其职，而且在组织制度安排上，决策权、执行权、监督权三权分离，权力形成制约。第三，也是最重要的一点，人力资源管理规范。在招聘以前，外资企业就会设立专门的人力资源部门，对拟提供的工作岗位进行必要性考察，设立该岗位特定的人力资本要求，成熟以后才会进行招聘。对劳动者的聘用看重学历与能力，竞争上岗，每个岗位考核也严格与绩效挂钩，实行严格的淘汰晋升机

表 6－11　　2007 年、2008 年不同所有制部门分割指数

2007 年	第 1 类	第 2 类	第 3 类	第 4 类	第 5 类	第 6 类	第 7 类	第 8 类
$\frac{1}{n_h}\sum \hat{\varepsilon}_{h0}$	0.0943	0.0825	0.0663	0.0706	0.0765	0.1376	0.0589	0.1207
$\frac{1}{n_h}\sum \text{ln}\hat{wage}_{h2}$	10.2207	10.0367	9.9945	9.8747	9.9012	10.3463	9.8204	9.5813
SegIndex$_h$	0.920	0.820	0.660	0.710	0.770	1.330	0.600	1.260
排序	3	4	7	6	5	1	8	2
2008 年	第 1 类	第 2 类	第 3 类	第 4 类	第 5 类	第 6 类	第 7 类	第 8 类
$\frac{1}{n_h}\sum \hat{\varepsilon}_{h0}$	0.0680	0.0391	0.0390	0.0536	0.0493	0.1136	0.0353	0.0893
$\frac{1}{n_h}\sum \text{ln}\hat{wage}_{h2}$	10.4682	10.2223	10.1393	9.9851	10.0112	10.3686	9.8812	9.7151
SegIndex$_h$	0.650	0.382	0.385	0.540	0.490	1.060	0.360	0.920
排序	3	7	6	4	5	1	8	2

制。我们计算出来的一般意义上的学历分割指数在这类部门最为严重。还有一个结果需要报告的是，2007年分所有制部门样本回归中，对第6类外资企业进行的方程（6.8）回归系数基本上均不显著，而第8类其他企业的两个方程回归系数都不显著。其次，就是党政机关单位的分割程度比较高，在中国，党政机关属于非营利性机构，绩效考核相对最弱，尤其对于一些事务性的机构，比如国家统计局的主要工作是进行各项经济数据的统计和公布，常规性的统计工作很难建立类似企业一样的绩效考核标准，并以此作为劳动者收入和职位晋升的标准，结果形成一种强大的预算软约束，我们通常认为制度性对低学历者的歧视是最为严重的，而一般性计算的结果也显示与经验判断相符。

2007年数据表明学历分割指数较低的是民办企事业、国有企业和集体企业，数值在0.7以下或略高于这个水平。民办企业的市场参与度较高，市场化程度也较高，其学历分割程度较弱是可以被接受的。国有企业和集体企业则常常遭受到批评和质疑，尽管国有企业一直致力于市场化改革，但计划经济的影响仍然存在，虽然它是营利性机构，却在很多方面类似党政机关受到国家支持和援助，我们这里计算出来的学历分割指数却是最低，可以作为解释的理由是：对于这类部门，其中以绩效来决定劳动者收入的岗位更多，导致这种一般笼统性的计算得出的结果偏小。这一点，也是我们在本书的后面部分将要讨论的问题。

2008 年学历分割指数由高到低的顺序依次是 6 > 8 > 1 > 4 > 5 > 3 > 2 > 7，即外企 > 其他 > 党政 > 集体 > 私企 > 国企 > 事业 > 民个。与 2007 年相比，分割指数最高的部门没有变化，依旧是外资企业、其他企业和党政机关；民办企事业和个体、国有企业的分割程度也仍旧是相对最低的，变化比较大的是事业单位，其值由 2007 年的 0.82 降为 2008 年的 0.382，在所有制部门中的排序也迅速降到了倒数第二位，其中一个重要的解释是事业单位人事代理制度改革的推进。

6.5

城镇劳动力市场学历分割程度在不同地区的强弱

中国国土地域辽阔，东部、中部、西部地区经济发展水平存在较大差异，各个地区的劳动力市场状况也不尽相同，其学历分割程度在不同地区表现的强弱值得我们进一步比较。

我们将 2007 年、2008 年的样本按照来源地省份进行分类，结果分成 9 类，分别来自上海市、江苏省、浙江省、安徽省、河南省、湖北省、广东省、重庆市和四川省。两个年份的样本在各省份分布大都在 700 以上，个别省份低于 700，但最低也高于 400，据此进行学历分割程度的分析不存在样本过短问题（如表 6-12 所示）。

表 6-12　　　　　　　2007 年、2008 年样本地区分布

地区代码	地区名称	2007 样本数	百分比	2008 样本数	百分比
31	上海市	742	11.27	758	11.09
32	江苏省	724	11.00	730	10.68
33	浙江省	761	11.56	757	11.07
34	安徽省	752	11.42	791	11.57
41	河南省	736	11.18	777	11.36
42	湖北省	484	7.35	555	8.12
44	广东省	1077	16.36	1112	16.26
50	重庆市	512	7.78	543	7.94
51	四川省	796	12.09	814	11.91

　　由于 2008 年调查是对 2007 年样本的跟踪，即面板数据，虽然经过剔除之后有些出入，但基本上保持一致，样本在各地区分布所占比重非常接近，因此可用于分割程度的分析和比较。郭丛斌（2004）比较了不同地区教育和工作年限对提高劳动者收入作用的差异，回归结果发现，教育投资在不同行业之间的收益差距在中西部经济不发达地区较大，而在东部经济发

达地区相对较少，也就是中国行业劳动力市场分割程度由高到低的顺序为：西部地区＞中部地区＞东部地区。本书测量的是学历分割，测量方法同样采用我们设计的分割指数。首先对 2007 年和 2008 年的数据按照不同地区分样本进行明瑟方程的简单回归，分别观测其工资方程，再利用两个方程残差绝对值的差计算每个地区的学历分割指数。计算步骤依次是：

$$\text{lnwage}_{p1} = \alpha + \beta \text{edu}_p + \gamma_1 \exp_p + \gamma_2 \exp_p^2 + \gamma_3 \text{male}_p + \gamma_4 \text{marri}_p + \varepsilon_p$$

方程（6.10）

$$\text{lnwage}_{p2} = \alpha + \beta \text{edu}_p + \gamma_1 \exp_p + \gamma_2 \exp_p^2 + \gamma_3 \text{male}_p + \gamma_4 \text{marri}_p \delta \text{high}_p$$
$$+ \beta_1 \text{high\_edu}_p + \beta_2 \text{high\_exp}_p + \beta_3 \text{high\_exp}_p^2$$
$$+ \beta_4 \text{high\_male}_p + \beta_5 \text{high\_marri}_p + \varepsilon_p \qquad 方程（6.11）$$

类似的，分别计算两个方程的残差估计值：$\hat{\varepsilon}_{p1} = \text{lnwage}_{p1} - \hat{\text{lnwage}}_{p1}$，$\hat{\varepsilon}_{p2} = \text{lnwage}_{p2} - \hat{\text{lnwage}}_{p2}$。令 $\hat{\varepsilon}_{p0} = \left| \left| \hat{\varepsilon}_{p1} \right| - \left| \hat{\varepsilon}_{p2} \right| \right|$，则分割指数为：

$$\text{SegIndex}_p = \frac{\sum \hat{\varepsilon}_{p0}}{n_p \cdot \hat{\text{lnwage}}_{p2}} \times 100 \qquad 方程（6.12）$$

其中，$p = 1，2，3，\cdots，9$，分别为表 6-12 中的 9 个不同省份，n_p 为对应的各行业样本总数。依据不同年份每个地区的样本数据，我们可以分别对方程（6.10）至方程（6.12）展开计算，结果如表 6-13 至 6-15 所示。

表6-13　　2007年、2008年不同地区学历分割指数

2007年	上海市	江苏省	浙江省	广东省	河南省	湖北省	安徽省	重庆市	四川省
$\frac{1}{n_h}\sum \hat{\varepsilon}_{h0}$	0.1121	0.0911	0.0814	0.0568	0.0634	0.0872	0.0976	0.0595	0.0654
$\frac{1}{n_h}\sum \ln\hat{wage}_{h2}$	10.2096	9.9801	10.1443	10.3435	9.7246	9.7022	9.8000	9.7711	9.7482
$SegIndex_h$	1.1	0.91	0.80	0.55	0.65	0.90	1.00	0.61	0.67
排序	1	3	5	9	7	4	2	8	6
2008年	上海市	江苏省	浙江省	广东省	河南	湖北省	安徽省	重庆市	四川省
$\frac{1}{n_h}\sum \hat{\varepsilon}_{h0}$	0.0662	0.0524	0.0679	0.0377	0.0792	0.0360	0.0273	0.0822	0.0586
$\frac{1}{n_h}\sum \ln\hat{wage}_{h2}$	10.3445	10.1232	10.2652	10.4456	9.8168	9.9250	9.8185	9.9405	9.9465
$SegIndex_h$	0.64	0.52	0.66	0.361	0.81	0.360	0.28	0.83	0.59
排序	4	6	3	7	2	8	9	1	5

按照目前国家行政区域的划分，上述省份属于东部地区的是：上海市、江苏省、浙江省、广东省；中部地区：安徽省、河南省、湖北省；西部地区：重庆市、四川省（如表 6 – 13 所示）。

第一，三大地区的学历分割程度并不具有内部相似性。以 2007 年为例，东部地区的上海市、江苏省、浙江省分割程度非常高，均超过 0.8，尤其是上海市，其分割指数达到 1.1，居第一位。广东省却只有 0.55，是被调查地区分割程度最低的省份。中部地区的三个省，湖北省和安徽省分割指数较高，都在 0.9 以上，河南省却不高，只有 0.65，排序为第 7 也相对靠后。西部的代表性省份重庆和四川指数差异不十分明显。从 2008 年的结果来看，东部地区上海市、浙江省和江苏省较之广东省的分割指数也有显著悬殊，前者值在 0.5 以上，后者仅为 0.361。中部地区河南省较之湖北省、安徽省差异也很大，前者高居 0.8，后者为 0.3 上下的水平。西部地区的两个省在这一年差异也扩大了，重庆市的分割指数值跃至 0.83，四川省下降了。这说明在经济发展水平和市场结构各异的三大地区内部，劳动力市场结构又有各个省份各自的特点，传统的研究劳动力市场分割的区域视角已经较为模糊，我们需要细化地区研究。

第二，经济发展水平与劳动力市场分割程度的关系。以 2007 年为例，东部地区的广东省，在 9 个地区中 GDP 值居第 1

位，可以近似的认为经济发展水平最高，其学历分割指数最低，仅为 0.55，排名第 1。从这一角度来看，结论与郭丛斌关于行业分割的地区比较结论相同，即经济发展水平较高的地区，劳动力市场分割程度较弱。中部地区的情形类似：河南省 GDP 总额较高，劳动力市场学历分割指数相对不高；湖北省和安徽省 GDP 总额在中部地区均不高，劳动力市场学历分割指数较高。西部地区的重庆市和四川省 GDP 总量都不算高，其学历分割指数数值虽排序靠后，但 2007 年这一数值并不低，都超过 0.6，也表明经济发展水平与劳动力市场学历分割基本上是负相关关系（当然，这有待进一步验证。）

表 6-14　　　　　2007 年、2008 年各地区 GDP 总值

地区		2007 年	排序	2008 年	排序
东部	上海	12188.85	5	13698.15	5
	江苏	25741.15	2	30312.61	2
	浙江	18780.44	3	21486.92	3
	广东	31084.40	1	35696.46	1
中部	河南	15012.46	4	18407.78	4
	湖北	9230.68	7	11330.38	7
	安徽	7364.18	8	8874.17	8
西部	重庆	4122.51	9	5096.66	9
	四川	10505.30	6	12506.25	6

注：数据来源于 2009 年中国统计年鉴。

　　另一方面是小范围的矛盾现象：同样是东部地区，2007 年
GDP 总值排名第 2 和第 3 的江苏省和浙江省，其学历分割指数
同时也很高，分别为 0.91、0.80。再者，比较 2008 年的变化。
从各地区国内生产总值来看，2008 年除了总量上同比增长，其
排序完全与 2007 年相同，这些地区的学历分割指数除了河南
省和重庆市上升了，其余地区都在直线下降，只是下降的幅度
不相同而已。2008 年变化后的分割指数与该地区对应的 GDP
总值关系没有 2007 年清晰，考虑到 2008 年经历了金融危机的
冲击，其分割指数的变化可能也受到不规律的影响，因此我们
需要使用更多年份的数据来考究二者之间的关系。

　　第三，教育发展水平与劳动力市场分割的关系。从表6 - 15
中我们可以看到，2007 年上海市劳动力市场中的高学历劳动者
比重显著高于其他 8 个地区，超过了 25%，而其他地区，无论
是经济较发达的广东省和江浙地区，还是中西部地区的大省，
高学历劳动者占本地区就业人员比重均在一成以内，最低的安
徽省仅占 3.5%。2007 年上海市的学历分割指数是被调查地区
中最高的，2008 年的数据类似，上海市、浙江省高学历劳动者
比重较高，两地的分割指数也偏高，这反映了地区受教育水平
越高，或者地区劳动力市场中高学历者比重越高，劳动力市场
的学历分割越严重。这一结论既与传统的劳动力市场分割理论
有着不小的出入，作为经验也很容易遭到反驳和攻击：如果高

等教育扩展的结果是带来更为严重的市场分割，那么这项政策从一开始就是错误的吗？回答显然不能是确定的，而这其间的矛盾如何解释？这正是本书接下来要探究的工作。

表6-15　　2007年、2008年各地区高学历劳动者占就业人员比重

地区		2007年	排序	2008年	排序
东部	上海	27.7	1	29.2	1
	江苏	6.7	5	6.6	5
	浙江	8.0	3	8.9	2
	广东	8.1	2	8.7	3
中部	河南	4.1	6	4.5	6
	湖北	6.8	4	7.1	4
	安徽	3.5	9	4.1	7
西部	重庆	4.1	6	3.9	8
	四川	4.1	6	3.3	9

注：数据来源于2008年、2009年中国劳动统计年鉴。

第 7 章

地区教育扩展与
劳动力市场分割

7. 1

文献综述

劳动力市场分割（labor market segmentation），是指由于政治、经济等外在制度因素或经济内生因素的制约，使劳动力市场划分为两个或多个不同领域，其表现是不同的劳动者群体在不同的领域或部门就业，其工作模式、职位特征，以及与此相关的一系列社会影响产生较大的差异，同时不同领域或部门之间的流动较为困难。国外关于劳动力市场分割的研究，一种是纵向的，包括劳动者职业特征的客观技术分割，一种是横向的，主要指向产业、地区等因素造成的分割。我国目前已有研究中，比较典型的有城乡分割、所有制部门分割、行业分割及地区分割。对教育与劳动力市场分割关系的研究为数不多，大致可以分为两个方向：一是在劳动力市场存在分割的背景下，考察不同部门劳动者流动（主要是次要市场的劳动者向主要市场流动）过程中教育的作用。二是比较教育对不同劳动者群体的经济地位获得或是工资增长的效果。其中研究有泛谈教育（education）的，有讨论继续教育（continue education）、再教育（return education）、职业教育（vocational education）的，但研究高等教育与劳动力市场分割的文献则非常少见。所以，本书结合我国劳动力市场发展特点，开创性地提出高等教育学历身份成为一种劳动者个人身份而不仅是人力资本的标志，对劳动者就业和收入产生歧视性甄别机制，从而形成事实上的两类人群就业分割，专门针对教育（主要是高等教育）与劳动力市场分割的关系进行探讨，本章重点研究宏观上教育对劳动力市场分割的作用，主要分为三个部分进行叙述，7.1 节梳理教育与劳动力市场分割关系研究的文献；7.2 节进行理论分析；7.3 节提出二者关系的倒 U 型假设并结合相关数据进行说明；7.4 节利用中国的数据实证检验教育扩展与分割程度定量角度的变化关系。

总体上，无论是理论研究还是经验研究，从教育的视角来分析劳动力市场状态尤其是分割情形的文献比较少，目前涉及二者关系的研究中，从研究方法上看，有从劳动力流动和收入差异两个视角研究二者关系的，有从劳动力流动视角研究的，也有利用教育回报率展开的研究；从研究结论上看，有肯定教育具有减弱劳动力市场分割的，也有否定这一作用的；另外，还有一些研究支持了劳动力市场分割状态对于教育的影响。

（1）劳动力流动、教育回报率或收入差视角的客观分析

班纳吉（1983）运用概率迁移模型，假定非正规就业部门是移民到正规就业部门的一个临时中转站，使用印度新德里数据对劳动力市场分割理论进行检验，结果发现分割模型只是部分有效，超过一半的移民被吸收到新德里的非正规就业部门，从非正规部门到正规部门实际和可能的流动率非常低。教育和城市经验对劳动者在两个部门的回报率相同，说明教育是劳动者在各部门之间流动的一个重要决定因素。

马洛尼（1999）提供了一种替代传统二元理论的观点，来研究正规与非正规劳动力市场。认为对于众多在非正规部门就业的劳动者而言，市场的低效率、低生产力使他们渴望转移到正规部门就业，使用墨西哥的面板数据，重点针对劳动者如何在两级市场之间流动和转移展开讨论，认为传统的收入差异研究不足以支持或反对发展中国家的市场二元性分割，正规部门与非正规部门，劳动力流动方式决定正规部门与非正规部门的

分割。该研究以两级部门的区分为主要关注对象，是认识劳动力市场分割的较客观的角度，为我们分析教育在其中的作用奠定了基础。

董晓媛和鲍尔斯（2002）利用中国 1998 年的数据，分析了国有企业、乡镇企业、合资企业和外资企业这四种类型企业的工资机制，主要针对的是消费品行业，结果发现，除了外资企业工作经验回报率较高以外，四种类型企业的教育回报率没有显著差异，并且该研究发现在所有企业中都存在对女性的性别工资歧视，而城镇居民的工资优势也不明显了。之所以利用企业数据讨论所有制分割、城乡分割，以及性别歧视导致的分割是让该书显得较为充实，分割的体现采用教育回报率与工作经验回报验证非常规范，但没有进一步解析教育回报差异不明显的原因，而且仅使用个别年份数据也使研究较为孤立。

阿普尔顿、约翰·奈特和宋丽娜（2004）为了解目前中国城市劳动力市场所处的阶段，利用 1999 年住户调查数据分析中国劳动力市场是否包含三个层次：下岗再就业的城镇职工，城镇非下岗职工，农民工，来测试工人的工资水平和结构是否因其所在类别不同而异。利用面板数据研究了工资结构的变化，尤其是下岗再就业人员，结果表明，虽然农民工具有相同的教育回报率，但非下岗城镇职工享受了工资溢价，下岗再就业城镇职工相对非下岗职工来说，没有获得相应的教育回报。

以上研究证明，城镇劳动力市场由其开放性与竞争性不同而被分割成几类，建立和形成统一的城镇劳动力市场还有很长的路要走。该研究虽不是直接研究教育与劳动力市场的关系，但教育投资回报率在城镇不同人群中的差异这一视角，对我们的研究有参考价值。

卡门·巴赫和马克·斯坦皮尼（2009）评价了三个拉丁美洲国家和三个经济转型国家的劳动力市场分割，主要考察正规就业、非正规就业和自我雇佣三类群体之间的流动性问题。使用纵向数据来研究劳动者收入差异和流动方式，发现在三个拉丁美洲国家中正规就业收入明显高于非正规就业，但在转型国家中正规就业收入并不明显高于非正规就业。另外，所有国家的这两种类型就业之间都有着广泛流动性，特别是从非正规就业向正规就业的流动；而自我雇佣与正规就业之间流动性很少，表明存在某种障碍。最后，作者提出无论是工资差别和流动性，劳动者技能差异均无统计学意义，即熟练和非熟练的劳动力市场同样存在分割。虽然该研究从收入差异和流动性障碍两个视角考察教育在分割的劳动力市场中的作用和意义，实际上仍然赞成传统的分割理论，即在分割的各级劳动力市场中就业或者换工作，更高的受教育水平不一定对应着好工作。

（2）肯定或否定教育对劳动力市场分割的作用

萨卡罗普洛斯（1994）比较了劳动力市场分割下的性别差

异，利用回归模型支持了早期的结论，即在发展中国家优先投资的小学教育回报率随着教育水平和人均国民收入的下降而下降。对女性的教育投资汇报比男性高，私人竞争性部门的教育投资回报高于公共部门。认为无论是个人角度还是宏观的社会角度，教育投资都是非常有意义的。

鲍德尔（2001）认为劳动力市场分割理论解释了工人阶级或妇女等弱势群体为何被经济边缘化，经济地理学则提出用空间视角来解释就业市场的差异。在此研究中，强调了劳动力市场分割理论在劳动力供给过程中所起到的作用，提出了人文地理是连接经济的重要过程，暗示人文地理方面的人力资本投资或教育投资对分割的市场中弱势群体就业有积极的作用。

萨卡罗普洛斯（1988）在研究经济发展的宏观背景时，首先回顾了教育在经济发展中的作用，其次强调了过去20年的研究中提出的一些问题：教育对经济增长的贡献，劳动力市场分割下教育投资回报率，教育对失业和收入分配的影响。最后总结应对教育投资过程和结果持乐观态度，尤其是基础教育、通识性教育和教育质量的改进，都是伴随着更高投入成本的教育。

里斯·休斯和基尔米·莫利亚（1989）探讨了接受了高等教育的肯尼亚女性劳动者在劳动力市场中的角色和作用，讨论高等教育扩张给她们带来怎样的收益，尤其关注的是接受了高等教育并获得相应学历证书的女性的就业状况，其重点是考察劳动力市场上是否存在性别歧视，这也是分割理论和实证研究的一个重要方面，该研究通过研究高等教育扩展对女性在劳动力市场上作用、地位、收入等的变化，从一定程度上肯定了教育对减弱分割、促进统一竞争的劳动力市场形成具有重要的意义。

萨卡罗普洛斯和弗朗西斯·施泰尔（1988）使用委内瑞拉全国住户调查的 4000 个样本，探讨了 1975 年至 1984 年劳动力市场与教育相关的方面。研究结果表明，在教育扩展的 10 年间，教育回报率下降了 2 个百分点。此外，以竞争性部门（如私营部门雇员或自我雇佣者）收入为基础的教育回报率估算结果与以所有经济部门收入为基础的教育回报率相等。随着时间推移，从收入不平等角度来看，教育扩展给社会带来了福利，因为受教育的人更多直接增加了劳动力市场上的供给，从而缩小了收入差距，因此使这一时期的个人收入分配更加平等。

斯特芬·切尔莫特（2002）比较了在英国和西德进入劳动力市场和职业生涯早期阶段的过程，首先观察两国体制结构中人力资本形成和分配的特点。这两个国家的正规制度的生成有赖教育与劳动力市场之间的协调，结果发现两个国家的年轻人融入劳动力市场分别遵循不同的规则。其中一个体系是具有横向和纵向进入统一的劳动力市场的过程，通过第一份工作的资质等级来评价正式工作的好坏，进而分析早期职业生涯在多维系统中的作用。同时，英国还很重视工作的标准时间，德国则更重视实际的职业技能。该研究虽不直接研究教育与劳动力市场分割的关系，但它实际上是在承认分割的基础上，整体来看青年人就业过程中教育对劳动力市场的作用。

马库斯·冈格（2000）提出教育是决定年轻人进入劳动力市场稳定就业的主要资源，首先梳理了欧洲各个国家教育培训体制与劳动力市场制度的差别，以及教育资源获得的不同。发现不同的国家，面临不同的劳动力市场体制和经济环境。然后使用 12 个欧洲国家 1992～1997 年社区劳动力调查数据，证明了学历证书对于成功进入劳动力市场的重要作用。研究结果表明，对于解释欧洲各国横向比较年轻人进入劳动力市场的不同经历，教育、培训制度和劳动力市场制度的差异起到了关键作用，即使考虑各国经济条件水平差异和国家资格证书之间不可测量的异质性，该结论仍然成立。

董晓媛和亚瑟·范·苏斯特（2002）使用 5 个季度的墨西哥城镇就业面板数据，分析了墨西哥城市工资差异和劳动力在正规部门与非正规部门之间的流动，运用包含两部门工资方程的动态随机效应面板数据模型，其中 Logit 模型用工资作为解释变量说明了劳动者在市场所处的状态，极大似然估计值显示两级部门之间的工资差异随劳动者受教育程度提高而增加，在正规部门就业的机会随着收入差异增加而显著增加。对男性而言，在正规与非正规部门就业由工资差异和不可观测的异质性决定，真实状态并不重要；对于女性来说，不参与劳动力市场是最常见的状态，真实状态发挥更大的作用。该研究观测出这样一个结论：教育形成了两部门之间的工资差异，即形成了工资差异视角的劳动力市场分割。

鲍德尔（2003）考察加拿大的劳动力市场，发现许多专业和熟练的加拿大移民的国外学历不能获得承认，或者在国外取得的专业技术技能水平被降级，结果是一方面加拿大劳动力市场主要部分的劳动者供给不足，另一方面移民找不到与技能匹配的工作。作者对监管机构提出改革的建议，认为不应该拒绝接受移民劳动者，特别是专业协会和雇主优先雇佣在加拿大出生和接受教育的工人、拒绝移民的做法，需要改进。言下之意表明在加拿大市场上存在着严重的制度性分割和移民歧视，在这样的市场中，教育的作用非常微弱。换言之，教育存在地域分割时，很难对劳动力市场分割产生积极的效果。

当然，还有反向研究劳动力市场分割对教育产生影响的。坂本（1995）首先提出在日本的教育体系中高考竞争非常激烈，而这种激烈的竞争反映的是劳动市场存在严重分割，第一份工作所在的劳动力市场部门对劳动者整个工作生涯有重大影响。接着分析了从 1954 年至 1975 年的男性就业数据，教育水平是第一份工作进入哪类部门的主要决定因素，研究结果表明，这种影响主要来自劳动力市场对一个人教育程度的相对排名，在就业竞争的排队模型中，教育是分配主要劳动力市场工作机会的筛选设备。该研究肯定了劳动者受教育水平在分割的劳动力市场求职的重要性，实际上解释了劳动力市场分割对教育的影响。

7.2

教育与劳动力市场分割的理论分析

研究教育对劳动力市场分割作用的核心和关键在于，消除分割实现统一的工资机制，促进以市场为主导的劳动力自由流动，这就需要从分割的劳动力市场的起源展开。到目前为止，许多经济学家检验了分割的劳动力市场（the segmented labor market，SLM），其核心观点认为新古典经济学派对劳动力市场的描述不适当或不完全，致使大多数劳动力市场政策的问题得不到解释，特别是新古典模型没能解释劳动者收入分配、失业的影响和歧视的原因等。而 SLM 理论假定，上述问题是劳动力市场分割的结果。虽然新古典模型也承认劳动力市场是分割的，如地理的、生理的和年龄等因素，使劳动力投入不可完全替代，偏好函数被假设随着年龄等变量的函数变化而变化，劳动力市场组织或政府法律对劳动者的限制，也会引起市场分割。但是，SLM 理论强调分割的其他原因，特别是制度约束发展和内生性嗜好的决定因素，偏好历史分析，避免均衡分析。劳动力市场问题在被置于一个动态环境中考察，最大化行为对市场结果不那么重要，故而历史的推动力趋向于劳动力市场均衡。

SLM 理论最重要的实证假设是，劳动力市场分割与劳动力市场上的技术差异没有关系，这一假设运用到了经典的二元劳动力市场分割理论。多林格和皮奥里（1971）开创性地提出，某些具有内部劳动力市场的厂商组成了高收入的主要部门，某些由外部或现货市场雇佣工人的厂商组成了低收入的次要部门，前者收入高、社会福利好、晋升机会多，被划分为"好工作"，后者收入低、社会福利差、晋升机会少，被划分为"差工作"，但两类部门中的工人至少进入市场的起初阶段是具有相似技术的。对此，戈登和哈里森（1972）、凯恩（1976）在早期的文献中都有探讨。

教育对劳动力市场分割的影响，需要顺着 SLM 问题产生、发展的脉络来思考。大多数文献沿着可观察的工资或收入差异来认识分割，而不是从劳动者基本技术差异的结果分析。流动亦是一个很好的视角，为何两级市场之间的流动非常有限，以至于超额需求压力无法通过竞争拉开收入差距，换言之，市场存在分割的原因究竟是什么，这些因素对收入分配和失业的影响如何？为了回答这些问题，SLM 学派展开了三个主题：第一，由于主要部门内部劳动力市场与利润最大化的对抗作用，制度在一定范围内代替了市场的作用；第二，工会在主要部门起到了积极作用，具有改善工人生产率的"正反馈"（positive feedback）；第三，在分割的劳动力市场中工资机制，以及奖赏、激励机制均不同，结果是当素质更好的劳动者进入到"差工作"时不能充分就业，常常伴随着过度教育。SLM 理论本身是不完全的，因其倾向于以来历史的、描述的分析结果，改进的过程需要做更多的均衡状态和联系的假设，分割理论本身亦是分割的，对分割原因的研究也被分成两类：一类是主要部门工资较高的原因研究；另一类是次要部门工资较低的研究。SLM 实证工作集中于三个方面：第一，主要部门和次要部门的教育收益率及工作经验差异，即教育对微观个体的人力资本作用或经济价值是否因其所在部门不同而有差异，而大量数据显示差异的确存在。第二，差工作是否会将好的劳动者变差。对此，虽有获得受伤害的估计，但却很难证明这一因果关系。第三，是否存在一些被诱骗从事低报酬工作的劳动者群体。国外经验证明，这一理论也不完全适合。

7.2.1　教育与内部劳动力市场

内部劳动力市场，是指厂商内部制约劳动价格及分配的一系列规则和制度。大多数制度高度发达的内部劳动力市场都存在于经济中的高工资部门，主要部门的内部劳动力市场对整个劳动力市场实行分割的作用机制，SLM 理论是这样解释的：假设内部劳动力市场不与利润最大化界限一起发挥作用；反而是制度规则替代了市场作用，结果使工资差异均等化的竞争压力消失了。多林格和皮奥里（1971）将内部劳动力市场构思作为其理论的奠基石，即劳动力市场用一种与新古典学派方法相矛盾的方式分割，于是他们认为方法论的分歧就是理论的差异。但是其他一些研究者有不同的意见，认为内部劳动力市场是遁过新古典劳动力市场发挥作用的制度元件。

高工资劳动力市场上，代表性厂商通过使用内部劳动力市场控制其劳动关系。内部劳动力市场由厂商内部控制劳动者及其相关的工作、就业关系组成，这些关系表现为一系列正式的和非正式的规则，这些规则又包括附加在每一个工作岗位上的工资、与工作联系在一起的组织结构、新雇员进入的要求、提升一级特定工作培训机会等。由于技术因素对内部市场规则所起的作用，厂商内大多数工作岗位是唯一的，与任何外部市场是独立和分离的。新的劳动者主要用于充实组织结构中不同水平的工作岗位，其他工作通过提升的阶梯与进入工作相联系，即从市场内部充实。同时，特殊的工作缓冲了外部工资对内部劳动力市场的压力。厂商已经雇佣的劳动者具有外部人不具有的优势，并且具有一定程度的垄断力量，或来自特定工作培训，或是隐含在劳动合同中的工作权力。这种暂时工资和内部劳动力市场之间的差异也增加了厂商对劳动者的垄断力量。

SLM 模型认为，内部劳动力市场中人与工资在工作上的分配与竞争市场差异很大，它实际上是对市场的一种替代，而且这种市场只创造了很少的主要部门或者"好工作"。内部劳动力市场的 SLM 理论的实证研究主要以特殊内部劳动力市场中的专门研究及对这些市场演变的历史研究为核心，威尔金森（1981）、奥斯特曼（1984）的分析强调了特殊历史事件及非均衡过程，认为这些市场不断演变，将市场压力推向均衡，干预市场的工会、政府及其他制度因素共同决定了结果；竞争性的市场力量对此不相关。雅各比（1982）指出，内部劳动力市场并不是反映更有效率的就业关系的市场压力的一种发展，几乎没有什么与内部劳动力市场相联系的实践早于工会，在不存在工会的情况下，20 世纪初制造业生产线上的管理者可以利用内部劳动力市场而保持差异，工会此时可能更多的是规制内部劳动市场。

SLM 理论认为，内部劳动力市场的工作比次要部门好，即该市场中确定工资的规则和惯例，给劳动者的工资比次要市场中的同类工作要高。这便带来了与分配效率相关的一些问题，例如：主要部门的工作岗位数量相对次要部门而言甚少，这其中效率因素是否起支配作用？或者说，究竟是何因素导致整个市场中提供较少的"好工作"？在新古典模型中，假设存在高工资部门，那么该部门非但几乎没有什么工作，并且高工资正是这一问题的根源。而在 SLM 模型中，厂商没有以新古典的、向下倾斜的劳动需求曲线为基础做出工资—就业的决策，使得高工资不承担资源错误分配的责任，好工人多于好工作，工作短缺的结果是需要在劳动者中进行分配，在劳动力市场分割理论中，好工作被专断的分配，很多技能差异没有被考虑到。于是，一系列外生的技术和历史经济发展成为决定主要部门规模的主要因素。SLM 模型在内部市场体系的一般均衡特征描述中省略了其重要联系，这在发展经济学文献关于传统部门和现代部门的"二元模型"得到了解释，与 SLM 模型相比，其中的现代部门类似于主要部门，传统部门类似于次要部门，而效率因素是如此解释的：第一，主要部门的规模由资本金多少决定，其工资水平由工会、政府最低工资政策或社会习惯等共同决定，这些部门的厂商的成本结构决定了更高的工资仍使之有利可图。第二，假定在里昂惕夫技术下，生产要素中替代弹性很低甚至为零，工资对就业的分配效应则较低甚至为零，高工资部门中的就业也就以不再接受次要部门支付的维持基本生活的最低工资的首批进入者的工资为基础决定。第三，失业由高工资和低工资部门之间的工资差异大小决定，只要劳动者等待的预期价值高于次要部门的工资率，他们就会选在高工资部门排队等候工作。这类混合模型非常接近 SLM 模型中关于一般均衡类型的描述，此外 SLM 模型还讨论了负反馈效应，认为最初具有同样技能的劳动者，在进入不同部门的工作以后，最终会适合工作而发生变化，至少被低工资部门雇佣的劳动者是适应了这些部门工作的技术和行为要求的。于是，劳动力的分配也被证明是存在的。

最后，对于内部劳动力市场中工会的作用，SLM 模型的基本观点是：内部劳动力市场起作用，通过鼓励厂商与工人之间联合的最大化来节约交易成本。一旦内部劳动力市场存在，影响效率的关键因素就是厂商是否使利润最大化。内部劳动力市场希望通过鼓励联合最大化，将厂商和单个劳动者之间的寡头垄断问题中立化，其中包括使谈判、销售成本最小化，以及劳动者运用知识保证其人力资本投资不被剥削，于是效率得到鼓励。但这个效率仅涉及对工作短期收益流量的预期现值的约束，任何个人工作的单个时期的工资率可以任意，这些工作亦是工人上升阶梯的组成部分。内部劳动力市场节约交易成本成功的程度，决定了其创造的由双边垄断双方分享的剩余价值大小。在就业关系结构与劳动力的生产率之间存在一种正反馈，从工会节约交易成本的目的角度来看，它可以增加剩余价值，也有利于正反馈的程度。

7.2.2　教育与次要部门

SLM 理论关于次要市场的一个基本假设是：次要市场中的工资水平低于主要部门，非竞争性群体具有不同的机会和报酬。实证观察后的主要结论是：第一，分割的劳动力市场可以根据其工资决定机制来区分部门内部不同的报酬结构，主要部门和次要部门之间的工资差异中，次要部门对劳动者利用不足是一个重要原因。第二，次要部门不奖励人力资本的制度，产生了部门之间巨大的工资差异。而这正是劳动力市场分割的一个重要表现，教育作为一种最重要的人力资本投资方式，如果在次要部门亦是有效的，势必对两个市场工资机制的整合及市场化的自由流动产生较大的效果。第三，次要部门中失业与就业的交替变化增加了未来失业或低收入的可能性，这种负反馈的存在，成为 SLM 模型的主要理论基石，它加强了主、次部门之间流动性的不足。

SLM 文献假设不同的报酬和激励机制在整个分割的劳动力市场中存在，尤其是工资机制在主、次市场不同，结果是可比较的个人获得了不同的结果，而为了使不同的工资机制在整个市场中存在，则必须限制劳动力的流动。此时，即使厂商和劳动者因体制部门差异而竞争，且有层级流动，但仍然会有部门集中。就业不足问题在于缺乏一种解释阻止流动从而使好工人从事差工作的机制，运用马克思主义阶级斗争形式的观点，雇主企图将职业和收益的非流动性强加给劳动者，但大量雇主在一起却又难以成功合谋，正如种族歧视的案例一样，它不一定包含了有组织的合谋。

虽避开了合谋理论，SLM 模型却又遇到了构建分割原因的困难，负反馈是解释分割的一个备选条件，区分部门的分界线一直在探索中。部门工资结果差异反映补偿差异，与二元市场特征相关的实证文献也没有提出一种适当的方法论，使产业二元论的假设从统计上进行检验。贝特西（1972）和奥斯特（1979）对主要部门和次要部门的工资方程进行了估计，发现区分部门工资机制是一个重要的支持核心边缘二元论存在的方法。于是，部门之间的工资决定、就业或其他劳动力市场作用等方面的结构差异不再仅限于假设，也成为实证性研究工作。此后大量文献反映出二元论及内在数据局限不合适的实证结论已经脱离了 SLM 的字面解释，尤其是部门中的分界线，以及好工作与差工作的区分，不再被看成必须的假设特征，反而重点放在了没有作为所有产业两分法的必要条件上。瑞安（1981）总结性的指出，不能发现双模式及分割之间的独特边界，并不意味着分割的不存在，当存在大的分割时，市场内的分割仍然是显而易见的。

　　减弱分割、促进劳动力市场统一的研究从来都是从次要部门来展开的，上述研究结果至少提供了两个方向的思路：第一，教育投资能否提高次要部门劳动者的工资水平，这与好工人变成差工人的事实成为矛盾的因果；第二，教育投资是否能提高次要部门中的收益率，或者说，教育的扩展是否能使次要市场中的教育收益率获得提高，最终与主要部门相差无几。这就将我们的视线带入到人力资本的影响中来。SLM 文献认为，人力资本与次要部门的个人工资相关性很弱甚至毫不相关，其中教育收益率低来源于多重因素。例如，学校教育的目标与就业相关，中国的职业技工学校培养学生的方向即使其进入次要部门的各个工作岗位，雇主鼓励工人流动以防止工会力量增强，正因如此，聘用这些劳动力也不需经过严格挑选，在职培训提供的很少，这些因素共同作用逐渐导致了差工人的形成，即使当初他们中有些是好工人。职业差异的主、次部门分界线的提出，廓清了 SLM 研究者的视野，同时带来两个问题：第一，人力资本理论没有说明学校教育产生了具有相同斜率的年龄—收益剖面图;第二,截断性偏差。萨卡罗普洛斯(1981)估计了低地位和高地位职业的收益函数,职业分解的结果虽引起了至少间接的与教育和收益有关的取舍,也发现了教育和工作经验年限在两个部门不同,其原因可能是取舍,也可能是部门的差异导致。目前的研究证明,次要部门的工资方程中年龄的较低系数反映出,劳动者通过教育获得其职位的能力在所有部门中均有限,如此一来,排队等候的运气,或是决定谁进入高工资部门的机制成为工作分配的关键,换言之,两级市场的分割一早已经注定,且主要部门工作岗位较少,教育对微观个体所起的作用仅仅是使劳动者在最初分配工作时拥有更高的人力资本水平,各种制度只不过是在承认工作部门分割的前提下,将人(劳动者)进而助推为被分割的不同群体,如高工资群体和低工资群体,从社会学的观点来看则是形成和固化了阶层。此时可能出现这样的情形:主要部门岗位数目虽少,但劳动力市场上与这些岗位所要求的知识、技能相匹配的劳动者人数刚好相等或者岗位更多,短期来看,劳动者与其就业岗位是匹配的,分割即使存在,其对就业以及社会经济的负效应也很弱,长期则不一样,主次部门工作的差异会促使次要部门的劳动者有动力积极提高自身的人力资本水平,以进入主要部门。同时,随着经济和社会发展,与不断提高的人力资本整体水平相比,主要部门的工作岗位越来越稀缺，其结果势必有越来越多的"好工人"被分配到差工作中，这恰好是新古典的观点，即市场创造了低工资工作。SLM理论相反，借助于早期劳动力市场经历和未来劳动力市场的负反馈机制来进行解释，认为是差工作创造了低素质的劳动者。SLM 文献研究至此，出现一个问题：部门工资差异或是劳动者群体工资差异似乎不再是市场分割的假设，反而是结果，其原因则是市场本身存在分割，分割的边界问题再一次回到我们的视线。

7.3

分割的劳动力市场模型

分割的劳动力市场模型不是仅仅对职业或劳动者个人的收入稳定性做预测，而是要预测非变动性或分割，已有实证研究对此做了验证，但也有一些仅对模型本身的观点进行区分。

7.3.1　持久收入模型

持久收入模型由库兹涅茨和卡茨（1945）提出，后由弗里曼（1957）推广，其形式为：

$$Y_t = Y_p + Y_{v,t} \qquad 方程（7.1）$$

其中，Y_t 是 t 年的估计收入，Y_p 是长期收入，Y_{vt} 是 t 年的临时收入。模型假设：第一，有一部分收入是由个人能力水平决定的，且长期不变或者变化很慢；第二，个人同时在每一时期具有临时收入，并且这项收入是确定的、可以观察的。如果 Y_t 在相当长的时期趋向平均，其可观察的价值接近于 Y_p，个人就会分割在分配中的某一特定点。随着时间推移，个人会产生轮流变动。

因此，在 t 年内具有低收益的收入主要由两部分组成：一是具有低的 Y_p 收入和趋近于 0 的 Y_v 收入，二是趋近于 Y_p 的平均值和非常低的 Y_v 值收入。如果 Y_p 变动慢，且 Y_v 在前后两年都很小，Y_t 的变化也将很小；但如果 Y_v 在 t 年中是一个值较大的负数，但在 $Y_{v,t+i}$ 中回归到预期的零值，Y_t 的变动就非常大，此时收入中可观察的变化也很大，而且出现较大变动性。为了估计其中分割的情况，需要使用一种与 Y_p 有关但与 $Y_{v,t}$ 无关的工具变量，来获得 Y_t 的预测值，或是在相当长的 t 期对 Y_t 平均以保证 $(1/t) \sum_i Y_{v,t}$ 趋近于 0。这样，模型中的非变动的个体异质性因素，如个人素质、能力等，在 SLM 模型中被假设为同质的。

7.3.2 马科夫收入模型

马科夫模型是用来预测具有等时间隔（如一年）的时刻点

上收入分布状况的数学模型，根据历史数据，预测等时间间隔点上的各类收入分布状况，其基本思想是依据过去收入变动的规律，推测未来收入变动的趋势。其模型表达式为：

$$Y_t = Y_{t-1} + \omega_t \qquad \text{方程（7.2）}$$

其中，Y_t 是 t 年的估计收入，Y_{t-1} 是 $t-1$ 年的估计收入，ω_t 是 t 年的误差或创新。在该模型中，t 时期的误差即变量 ω_t 是工资基础，模型能够形成稳定的收入分配，没有一个人的位置是分割的。假设马科夫过程是一阶的，即 $E(\omega_t, \omega_{t-i}) = 0$，$i \neq 0$，方程（7.2）即可转换为：

$$Y_t = \sum_{j=0}^{T} \omega_{t-i} \qquad \text{方程（7.3）}$$

由此，我们可以得到 $R^2_{Y_t Y_{t-i}}$ 的预测值为：$E(R^2_{Y_t Y_{t-i}}) = \dfrac{\sum\limits_{j}^{T}(\omega^2_{t-i})}{\sum\limits_{0}^{T}(\omega^2_{t-i})}$，$i$ 越接近于 0，马科夫模型中的 R^2 值就越大，这一特点刚好跟持久收入模型相反，并且哈特（1976）使用英国的数据证明了马科夫模型较之持久收入模型是更为合适的。

分割的劳动力市场理论其中一个基本含义是，某些人在其职业生涯的最初阶段就被锁定在报酬很低、就业制度不规则的工作中。实际上，要对职业进行好坏等获得较为一致的评判意见是非常困难的。低工资和或低收入可以进行计算，也可以作为好工作或者差工作的代名词使用，检验低收入的可观测假设是在分配的低端，必须获得收入重复观测值并克服一定的统计问题，然而很难获得适合长时期精确估计收入的大量数据，反而样本不足却很容易发生，这使得马科夫模型受到极大的限制。

7.3.3　人力资本模型

人力资本模型由明瑟（1975）提出，其主要的推动力是考察在职培训投资。假设所有的在职培训都能够在各类职业中同样的使用，那么接受过培训的个体从所有他工作过的部门，均获得了边际产品，因为他对所有部门而言同样有用。由于提供培训的部门不能给接受过培训的工人提供低于他的边际产品的收入，所以在培训期间，雇主通过接受低于其边际产品的收入而支付培训费用。明瑟推导出这样一组年收入的非随机方程：

$$Y_{it} = Y_{t-1} - I_t + rK_t \qquad 方程（7.4）$$

其中，I_t 是 t 时间在职培训的投资，K_t 表示积累的投资，两项之和为 $\sum I_t$，r 代表在职培训投资的收益率。明瑟指出，I_t 会随着年龄增长而减少，即：

$$I_t = Ae^{-bt} \qquad 方程（7.5）$$

如果劳动力市场为有技术的劳动者提供了相同的如图 7 - 1 中的 AB 或 CD 的选择，那么工资率将会被调整，结果两个时期的流量贴现值相等。

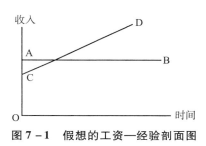

图 7 – 1　假想的工资—经验剖面图

在人力资本理论中，并没有剖面图沿着 CD 变化。个人选择 AB 是完全合理的，因为假设他能像模型中那样以固定利率接待，则每年能消费与 CD 相同的数量，故人力资本模型的观点也赞成年收入在较长时期内完全流动或者不流动。该模型描述了收入和工资率随时间和年龄变化而变化的情形，常常会假设不存在年龄的影响，因为技术或工资率的变化只是因为年龄变化形成的；另外，工会能够影响工资的多少。

7.3.4　负反馈模型

负反馈模型指出，从事差工作使劳动者个体逐渐适应低收入工作习惯。反之，证明正反馈效应很难由人力资本构成区分开来。例如，在极端形式的情况下，劳动力市场分割模型可以认为，负反馈效应就是一种负的在职培训，劳动者之前的差工作经历会减少其未来收入。

7.4

教育与劳动力市场分割关系的实证分析

　　上述经典的劳动力市场分割模型中，持久收入模型将收入分成两个部分，一部分来自长期的持久收入，另一部分来自临时收入，长期的持久收入在总收入中占的权重越高，劳动者个人越有可能被安置或分割在市场中的某一个位置，换言之，市场中的分割可能越严重。马科夫收入模型实现了一个改进，将工资基础视为永久性的误差随机变量。二者均是从收入的角度来证明劳动力市场分割的存在，即持久收入对个人较长的年限总收入所占的比重。对微观个体劳动者来说，持久收入越高，且临时性收入越小，分割就越有可能。人力资本模型直接从描述收入和工资率随时间和年龄变化中解释分割。教育作为最重要的一种人力资本投资方式，按照人力资本理论，它无论从长期还是短期，都极有可能提高劳动者的收入，只是具体的作用方式和影响程度会因个体、环境及各种制度而不同。如正规的学校教育有助于提高长期持久收入，职业教育和职业培训对提高临时性收入和持久收入都有效，但个体差异会比较大，不如正规教育对持久收入的影响稳定。所以，教育对劳动力市场分割的影响必须通过就业这个过程来实现。

不管是否被人们意识到，教育只要产生并有所扩展，它对劳动者收入和就业的影响就会存在，如果劳动力市场上的不同群体就业被分割，教育也一定对此有间接的影响和作用。西方市场如此，中国自然也不例外。尽管在之前的讨论中，学者更多集中于直接讨论分割本身，或是两级市场中教育收益率的差异、工资的差异及工资方程的差异；另外一部分学者则以中国特殊国情为研究背景，认为我国的劳动力市场分割较之西方国家更为复杂，更多的时候表现为一种制度性分割（赖德胜，1996），以至于教育等人力资本投资在增加劳动者收入、提高其经济地位和话语权的作用并不能充分发挥，甚至很多时候完全失灵。通过前三章的论述，我们实际上已经清楚的看到了一个结论：从微观来看，教育（尤其是高等教育）形成了个体人力资本差异，差异本身或是制度性规定的选择结果致使劳动者在就业过程中形成了两级划分，具有高等教育学历的劳动者相对会获得更高的收入，更多的进入城市主要劳动力市场，不具有高等教育学历的劳动者相对会获得更低的收入，更多的进入城市次要劳动力市场，客观形成了一种由学历带来的市场分割，或者说让我国市场上原本就存在的制度性分割更加固化，固化形成一种更清晰的分割标准。这一观点或结论显然有悖于传统的劳动力市场分割理论与人力资本投资理论，尽管能描述和实证高学历和低学历者之间的收入差距、工资差异及工资机制差异，但仍然与现实和实践带来一个巨大的困惑：如果教育（特别是高等教育）提高国民素质的结果是造成或者加剧劳动力市场分割，那么对高等教育扩招的质疑就是必需的，然而从发达国家和成功的转型国家经验来看，并不支持这一论调。因此本部分将从地区宏观经济发展视角分析教育（主要是高等教育）对劳动力市场分割的影响，认为二者远非直线的，在起始阶段，高等教育扩展会形成分割，并扩大两类劳动者之间的收入不平等，但随着教育扩展的不断推行，高学历者占劳动者总体的比重越来越高，教育与劳动力市场分割会呈现出一种倒 U 型关系。

7.4.1　倒 U 型 理 论 假 设

倒 U 型假设最初是由库兹涅茨（1955）提出，用来描述经济增长与收入不平等之间的变化关系，即在经济增长过程中，起初的时候收入差距会随着经济的增长越来越大，但当社会整体经济发展水平达到某一水平后，这种差距会出现拐点，即表现为收入不平等随着经济继续增长而不断下降。赖德胜（1998）提出教育扩展与收入不平等的关系呈倒 U 型发展规律，并对此进行了论证。本书受此启发，在研究教育与劳动力市场分割的关系中，发现二者并不是简单的直线关系，于是提出高等教育扩展与劳动力市场分割呈倒 U 型关系，并试图做论证，同时分析目前中国的现状。

第一，我们假定全社会的就业人员分成两个部门，一个部门没有接受过高等教育，在本书中被称为低学历者，计为 S 部分；另一部门的劳动者都受过高等教育，在本书中被称为高学历者，计为 P 部分。这类似于库兹涅茨模型中的部门 A 和部门 B。

第二，部门 P 的人均收入高于部门 S，因为高学历者具有更高的生产能力和配置能力。在高收入预期的驱动下，S 部门的人会加入受教育者行列，他们会不断向 P 转移，当然转移的方式有两种：一是 S 部门的人进入 P 部门工作，二是当 P 部门已经无法提供更多的岗位给生产能力增强了的劳动者时，这些群体则反向逼迫 S 部门提高工资水平、改善工作条件，以及相关福利待遇、改革晋升机制，使 S 部门越来越接近于隐性 P 部门的水平。其结果是，S 部门的人口比重会越来越低，P 部门的人口比重则会越来越高（如图 7 - 2 所示）。图中，H 表示高等教育扩展的情况，P_1、S_1 分别表示 P、S 部门人数占总劳动者人数的比重。在 H_1 处，S 部门的劳动者比重为 S_1，P 部门的劳动者比重为 P_1，并且 $S_1 + P_1 = 100\%$。实际上，S 部门劳动者所占劳动者总人数比重减少、P 部门劳动者比重占劳动者总人数比重增加也是一个国家或地区经济现代化的过程。

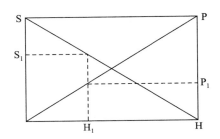

图 7-2 人口从 S 部门到 P 部门的转移

第三，部门 P 内部的分割程度大于部门 S。这是因为与高等教育给人的作用相比，大学以前的正规教育对人的生产、创造能力形成的差异更小。例如，很多地区高学历者群体的收入差异会高于低学历者群体，所以劳动者受教育程度更高的主要部门，内部的分割程度也会相对较大。

第四，劳动力市场分割程度（SegIndex）受两个因素影响，其一，部门 S 与部门 P 内部的分割程度，即 $SegIndex_s$ 和 $SegIndex_p$，$SegIndex_s$、$SegIndex_p$ 越大，SegIndex 也就越大，即 $\dfrac{dSegIndex}{dSegIndex_s} > 0$，$\dfrac{dSegIndex}{dSegIndex_p} > 0$。其二，部门 S 与部门 P 之间的分割程度 $SegIndex_o$ 越大，SegIndex 就越大，即 $\dfrac{dSegIndex}{dSegIndex_o} > 0$。其三，部门 S 与部门

P 的劳动者比重之和为 1，即 $ProporTion_s + ProporTion_p = 1$。PropurTion$_p$ 对 SegIndex 的影响是先上升后下降的，即 SegIndex 与 PropurTion$_p$ 的函数关系不是单调性的。在高等教育扩展的起初阶段，它们是一种增函数的关系，即 $\dfrac{dSegIndex}{dPropurTion_p} > 0$，也就是说，P 部门的劳动者占劳动者总人数的比重越高，分割指数 SegIndex 就越大；但在高等教育扩展到较高水平后，二者之间就成了一种减函数关系，即 $\dfrac{dSegIndex}{dPropurTion_p} < 0$，也就是说，P 部门的劳动者占劳动者总人数的比重越高，分割指数 SegIndex 就越小。

第五，在这里我们说的教育扩展仅指高等教育规模的扩张，即数量上的含义。

7.4.2　倒 U 型理论变动关系分析

在上述假设的基础上，可以建立一个模型来描述教育扩展与劳动力市场分割之间的关系：

$$T_P^* = \frac{I_P - I_S}{2I_O} + \frac{1}{2} \qquad 方程（7.6）$$

其中，T_P^* 是劳动力市场分割程度发生转折时 P 部门劳动者人数占劳动者总人数的比重，I_P 是 P 部门的分割程度，I_S 是 S 部门的分割程度，I_O 是两个部门之间的分割程度。方程

（7.6）表明，当 $I_P \geqslant I_S$ 时，$T_P^* \geqslant \dfrac{1}{2}$。如果 $I_P = I_S$，则所有劳动者中有一半的人都受过高等教育时，劳动力市场分割程度达到最高水平；如果 $I_P > I_S$，则当所有劳动者中一半以上的人为高学历者时，劳动力市场分割程度达到最高水平，并且两个部门之间的分割程度 I_O 越小，T_P^* 就越大，即在高等教育扩展过程中劳动力市场分割程度达到最高点的时间就越退后；如果 $I_P < I_S$，则当所有劳动者中有高等教育学历的人数还不到一半时，劳动力市场分割程度就已经达到了最高点，同时两个部门之间的分割程度 I_O 越小，T_P^* 就越大，即在高等教育扩展过程中劳动力市场分割程度达到最高点的时间就越往前。因此，教育对劳动力市场分割程度的影响，既不是单纯的减弱，也不是一味地加剧或简单的促使其形成，而是要经历先扩大后缩小的变化过程，这就是我们试图说明的教育扩展与劳动力市场分割变动倒 U 型关系（如图 7 – 3 所示）。

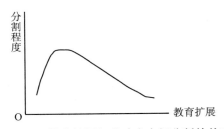

图 7 – 3　教育扩展与劳动力市场分割的关系

7.4.3　中国的经验分析

7.4.3.1　指标和数据

由于我们主要关心的是高等教育扩展对劳动力市场分割的影响，因此选取样本中高学历者所占总样本比重值作为教育扩展的指标，基于前文的计算，选取地区分割指数作为分割程度的指标，由于数据受限，我们将 CHIP 数据按照年份等分别计算这两项指标，所有数据均来自该数据库，分别是 1988 年、1995 年、2002 年、2007 年、2008 年和 2009 年中国城镇居民入户调查数据。经过必要的筛选和剔除，各年度分地区数据及样本基本情况如表 7 - 1 所示，按照计算的顺序，我们也一并将教育扩展的指标（即高学历者占比）和劳动力市场分割程度指标（即学历分割指数）计算出来。

表 7 - 1　　　　　地区教育水平和分割程度统计

年份	地区代码	省份	样本数	高学历者人数	高学历者比重（%）	分割指数（%）
1988	11	北京市	1056	185	17.52	0.21
1988	14	山西省	2452	302	12.32	0.15

年份	地区代码	省份	样本数	高学历者人数	高学历者比重（%）	分割指数（%）
1988	21	辽宁省	2161	306	14.16	0.12
1988	32	江苏省	2647	335	12.66	0.20
1988	34	安徽省	2129	254	11.93	0.35
1988	41	河南省	2597	331	12.75	0.16
1988	42	湖北省	2317	330	14.24	0.17
1988	44	广东省	2551	262	10.27	0.22
1988	53	云南省	2284	215	9.41	0.09
1988	62	甘肃省	1588	130	8.19	0.22
1995	11	北京市	1044	195	18.68	0.33
1995	14	山西省	1387	142	10.24	0.47
1995	21	辽宁省	1527	169	11.07	0.22
1995	32	江苏省	1641	211	12.86	0.19
1995	34	安徽省	997	120	12.04	0.16
1995	41	河南省	1265	105	8.30	0.27
1995	42	湖北省	1641	248	15.11	0.13
1995	44	广东省	1218	104	8.54	0.19
1995	51	四川省	1759	254	14.44	0.32
1995	53	云南省	1451	142	9.79	0.25
1995	62	甘肃省	882	104	11.79	0.31
2002	11	北京市	1060	229	21.60	0.64
2002	14	山西省	1228	189	15.39	0.45
2002	21	辽宁省	1439	231	16.05	0.32

续表

年份	地区代码	省份	样本数	高学历者人数	高学历者比重（%）	分割指数（%）
2002	32	江苏省	1401	205	14.63	0.27
2002	34	安徽省	1002	138	13.77	0.38
2002	41	河南省	1250	145	11.60	0.37
2002	42	湖北省	1458	243	16.67	0.41
2002	44	广东省	1248	151	12.10	0.39
2002	50	重庆市	591	88	14.89	0.54
2002	51	四川省	1088	113	10.39	0.28
2002	53	云南省	1182	206	17.43	0.41
2002	62	甘肃省	784	115	14.67	0.33
2007	31	上海市	742	285	38.41	1.10
2007	32	江苏省	724	308	42.54	0.91
2007	33	浙江省	761	300	39.42	0.80
2007	34	安徽省	752	271	36.04	1.00
2007	41	河南省	736	302	41.03	0.65
2007	42	湖北省	484	177	36.57	0.90
2007	44	广东省	1077	460	42.71	0.55
2007	50	重庆市	512	202	39.45	0.61
2007	51	四川省	796	372	46.73	0.67
2008	31	上海市	758	250	32.98	0.64
2008	32	江苏省	730	232	31.78	0.52
2008	33	浙江省	757	198	26.16	0.66
2008	34	安徽省	791	179	22.63	0.28

续表

年份	地区代码	省份	样本数	高学历者人数	高学历者比重（%）	分割指数（%）
2008	41	河南省	777	261	33.59	0.81
2008	42	湖北省	555	151	27.21	0.36
2008	44	广东省	1112	368	33.09	0.36
2008	50	重庆市	543	192	35.36	0.83
2009	51	四川省	814	268	32.92	0.59
2009	31	上海市	421	118	28.03	0.56
2009	32	江苏省	548	216	39.42	0.52
2009	33	浙江省	499	166	33.27	0.40
2009	34	安徽省	775	197	25.42	0.46
2009	41	河南省	528	149	28.22	0.37
2009	42	湖北省	412	141	34.22	0.68
2009	44	广东省	937	308	32.87	0.34
2009	50	重庆市	541	179	33.09	0.72
2009	51	四川省	822	234	28.47	0.39

　　由于前文计算分割程度的指标，即分割指数使用的是微观数据，本章中也继续采用微观数据来描述高等教育扩展的情况。实际上，现实的教育水平与利用微观数据统计的水平是有差异的，根据《中国2000年人口普查资料》和《中国2010年人口普查资料》数据，2000年我国全国就业人口中大专及以上学历者（即本书所关心的高学历者）占比为4.49%，而2010

年这一数据上升为 9.74。与我们调查统计的微观数据相比较，
高学历者在就业人口中的比重，宏观数据明显低于微观数据：
分地区的水平基本上都在 10% 以上，最高达到了 46.73%；综
合各地区计算的全国平均水平的微观数据也是较高的，分别
为：1988 年 12.15%，1995 年 12.11%，2002 年 15.24%、
2007 年 40.66，2008 年 30.70%，2009 年 31.15%。为了避免
交错使用指标数据给计算结果带来的误差，我们将两项指标都
选用微观数据来做二者关系的分析。

7.4.3.2　实证分析和结果

倒 U 型理论假设的实证分析方法，通常采用跨国横向分析
法和一国时序分析法这两种方法。跨国横向分析一般在时序资
料比较短缺的情况下常常被采用，其目的是为了解释某两类变
量之间的长期相关性而设计。一国时序分析是利用一个国家或
地区不同年份的数据资料进行两类变量之间相互关系的梳理，
其目的也是为了描述二者的关系。本书根据研究的需要和数据
的特点，分别借鉴和使用这两种方法进行教育与劳动力市场分
割程度关系的验证，但会依数据和研究需要做方法上的调整。

（1）跨省横向分析

由于我们所掌握的数据受限，只有 6 个年份约 10 个省的资
料，并且 10 个省在各年份调查还不完全一致，再加上并非面

板数据的问题，致使本部分进行的实证分析无法采用严格意义上的跨省横向分析，而是按不同年份对应具体地区的数据来展开分析，即用于倒 U 型关系验证分析的样本数为 60，满足统计检验要求的最小样本数（大于或等于 30）。另外，跨国横向分析常常采用多项指标来刻画一个变量，而本书仅采用一项指标刻画一个变量，一是基于对高等教育与分割程度具体量化分析的考虑，二是考虑到其他指标对变量的描述是否客观的问题，如分割程度的量化，到目前为止，除了有基于收入计算的分割指数，另一衡量标准是两类部门之间的流动障碍，这一指标的量化目前仍在探讨的过程中。

运用表 7 – 1 的数据，我们进行如下一元二次回归分析：

$$I = aH^2 + bH + c \qquad\qquad 方程（7.7）$$

其中，I 为分割指数，H 表示样本中高学历者所占比重，a、b 分别是这两个变量的待定参数，c 为常数项。如果在中国能检验出高等教育扩展与劳动力市场分割之间的倒 U 型变动关系，则可以预期，回归系数 a 和 b 会互为正负，而且判定系数 R^2 会大于零。

方程（7.7）的估算结果见表 7 – 2，从中我们可以得出以下结论：

第一，虽然判定系数 R^2 大于零，但方程的回归系数 a 和 b 同时为正数，这说明高等教育扩展与劳动力市场分割之间变动关系的倒 U 型理论在中国目前没有得到验证，即随着高等教育的扩展，劳动力市场分割程度目前看不到先加剧后缩小的过程，也看不到理论上的拐点。基于此，我们将高学历者比重和学历分割指数回归结果做图显示，如图 7 - 4 所示，就目前已掌握的数据而言，二者的变动关系呈正向增长，即现阶段高等教育扩展的结果，是形成劳动力市场中收入意义上的分割更为明显。关于这一点的解释是，目前我国经济正处于转型阶段，劳动力市场上的劳动力供求状况也较为特殊，一方面经济发展需要提高劳动者生产能力，高等教育数量上的扩展是一个较好的方式，另一方面经济转型并没有完成，且正处于中等收入危机时期，随着高等教育扩展 10 余年，劳动者整体素质和能力已经得到较快提高而且超过了目前市场的承载，尤其是局部市场。这一矛盾的根源在于我国经济发展水平相对落后，而国际上倒 U 型理论成立的案例告诉我们，当劳动力市场上高学历者占比仍处于一个较低水平时，倒 U 型的拐点还看不到，只能看到大学扩招会形成了两个部门的分割加剧。

表 7 - 2　　　　教育扩展与劳动力市场分割指数的回归（N = 60）

	系数	显著性水平
a	3. 83E - 06	0. 9850
b	0. 0161	0. 1300

续表

	系数	显著性水平
c	0.0702	0.5270
判定系数	0.6122	—
调整后的判定系数	0.5986	—

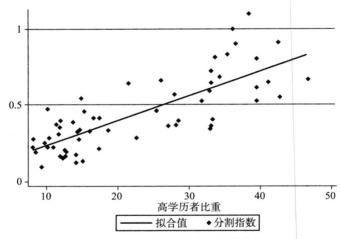

图7-4 教育扩展与劳动力市场分割指数的回归

第二，a 和 b 的值都比较小，其中 a 为 3.83E - 06，b 为 0.0161，说明随着高等教育扩展，劳动力市场分割程度加深的幅度比较平缓；判定系数 R^2 的值较大，为 0.6122，说明高等教育对于学历分割的影响力较高，除此之外，劳动力市场分割还受到其他因素的影响，如经济发展水平、劳动力市场制度及各种政策等。

（2）一国时序分析或一省时序分析

我国跨省横向分析的结果没有能验证高等教育与劳动力市场分割倒 U 型变动关系，一方面可能是受经济发展水平和阶段限制，另一方面可能是数据跨度不够大，所以基于跨省横向分析的结果，我们利用 20 年的数据再做时序分析。

表 7-3 报告的是 1988 年至 2009 年既定样本中的高学历者比重和学历分割指数情况，数据统计跨越了一个重要的历史阶段，即始于 1999 年的近一轮高等教育大规模扩展，这是很多国家都经历过的事件。高等教育与劳动力市场之间的关系并不是简单的各自运行，或者谁主导谁为辅，而是既有互相影响，又保持一定的独立性。美国斯坦福大学的教育经济学家马丁·卡诺提出，必须正确看待教育与劳动力市场的关系，因为这一关系的妥善处理，既涉及教育价值的充分发挥，又关系着与每一个人命运相连的劳动力市场规范化问题，有利于更充分地释放人力资本，提高劳动者的生产能力与配置能力，对发展中国家转变经济发展方式亦显得尤为重要。从全国的水平来看，2002 年以前（含 2002 年）就业人口中高学历者比重非常低，基本在 15% 以内，2002 年以后，高等教育扩招的效果显著，这一指标的数值迅速提高。与此同时，劳动力市场学历分割指数变化趋势基本类似，从 1988 年开始一直呈扩

大的趋势，在扩招之后这一速度加快，同时由于近几年扩招的减缓（另一方面人口增长速度仍在上扬），到 2009 年又表现出缩小的状态，这与我们跨省横向分析的结论是一致的。

表 7 - 3　　　　　　　我国高学历者比重和学历分割指数

年份	高学历者比重（%）	分割指数（%）	样本数
1988	12.15	0.13	21818
1995	12.11	0.14	14812
2002	15.24	0.22	13777
2007	40.66	0.80	6584
2008	31.03	0.41	6712
2009	31.15	0.40	5483

表 7 - 4 至表 7 - 8 分别报告了江苏省、安徽省、河南省、湖北省和广东省近 20 年来高等教育扩展前后的高等教育指标及学历分割指标情况。江苏省、安徽省、湖北省就业人口中高学历者人数比重变化趋势与全国状况严格类似，即先增加后缓慢减少，总体上显著增加；河南省和广东省的这一指标在 1995 年下降了几个百分点，但随后上扬，总体上变化规律与全国基本保持一致。5 个省份的学历分割指数先扩大后缩小，总体来看呈扩大的态势，只是各省具体指标变化程度有差异，如湖北省分割指数长期来看上涨最多，由 1988 年的 0.17% 扩大到

2009 年的 0.68%，在最高的年份 2007 年达到了 0.90%；安徽省的变动最为剧烈，1988 年时为 0.35%，2007 年增加到 1%，到 2009 年又迅速下降为 0.46%。也有的省份变化程度较为平缓，如广东省，其分割指数由 1988 年的 0.22% 发展到 2009 年的 0.34%，最高的年份 2007 年也不是非常高，为 0.55%。是什么原因致使不同的地区呈现不同的发展变化速度，笔者认为这既与宏观的国家经济形势和政策相关，又与地方具体的环境和发展相连。高等教育扩招是国家推行的政策，但每个地区经济发展水平不一样，拥有的教育资源也有较大差异，劳动力市场上供求状况和机制更是有地域不同，所以发展轨迹不完全一致是合乎理论和实践经验的。尽管如此，我们仍然能从这 5 个表中读出一则重要的信息：近 20 年来，随着我国各地区的高等教育扩展，其劳动力市场分割程度仍处于扩大的趋势，当我们减缓教育扩展速度，学历分割程度也随之缩小。这一结论与全国的时序分析结果相吻合，同时与跨省横向分析的结果保持一致，即目前在中国检验不出教育扩展与劳动力市场分割之间的倒 U 型变动关系，但这并不代表倒 U 型理论不成立，如前文分析所言，我们认为很可能由于目前中国的经济发展和教育水平还处于较低水平阶段，拐点还没有来临，因此根据目前已有的数据还无法验证这一点。

表 7 - 4   江苏省高学历者比重和学历分割指数

年份	高学历者比重（%）	分割指数（%）	样本数
1988	12.66	0.20	2647
1995	12.86	0.19	1641
2002	14.63	0.27	1401
2007	42.54	0.91	724
2008	31.78	0.52	730
2009	39.42	0.52	548

表 7 - 5   安徽省高学历者比重和学历分割指数

年份	高学历者比重（%）	分割指数（%）	样本数
1988	11.93	0.35	2129
1995	12.04	0.16	997
2002	13.77	0.38	1002
2007	36.04	1.00	752
2008	22.63	0.28	791
2009	25.42	0.46	775

表 7 - 6   河南省高学历者比重和学历分割指数

年份	高学历者比重（%）	分割指数（%）	样本数
1988	12.75	0.16	2597
1995	8.30	0.27	1265

续表

年份	高学历者比重（%）	分割指数（%）	样本数
2002	11.60	0.37	1250
2007	41.03	0.65	736
2008	33.59	0.81	777
2009	28.22	0.37	528

表 7 - 7　　湖北省高学历者比重和学历分割指数

年份	高学历者比重（%）	分割指数（%）	样本数
1988	14.24	0.17	2317
1995	15.11	0.13	1641
2002	16.67	0.41	1458
2007	36.57	0.90	484
2008	27.21	0.36	555
2009	34.22	0.68	412

表 7 - 8　　广东省高学历者比重和学历分割指数

年份	高学历者比重（%）	分割指数（%）	样本数
1988	10.27	0.22	2551
1995	8.54	0.19	1218
2002	12.10	0.39	1248
2007	42.71	0.55	1077
2008	33.09	0.36	1112
2009	32.87	0.34	937

随着高等教育规模的扩展，中国的劳动力市场也随之发生了深刻的变革，这些变革既表现在数量规模上，也表现在质量和结构方面。一方面，高等教育扩展使劳动者素质在一定时期内得到迅速提高；另一方面，高等教育数量上的扩展增加了劳动力市场上高学历者的供给，在需求还没有迅速提高的情况下，拉高了劳动力价格。提升后的市场价格对劳动者形成激励效应，加上国家教育政策导向，越来越多的人加入到高等教育的行列中来，短期内供给继续增加，而需求却因转型仍未完成没能迅速增加，劳动力市场上的局部均衡被打破，各类矛盾与问题涌现，如大学毕业生就业率不高和收入不高，次要部门劳动力供给不足等，主要市场中岗位较少，许多毕业生宁愿等候也不愿意选择在次要部门工作。市场中劳动参与率下降，一些大学毕业生因为找不到与期望值相当的工作而产生劳动受挫，成为"沮丧的劳动者"或是"遭受挫折的劳动者"，甚至有一部分因屡受挫折而放弃找工作，退出了劳动力市场。当然高等教育扩招对劳动力市场的影响也会因为市场中存在分割而更趋复杂。

如图 7-5 所示，图 A 表示的是国有部门，假设扩招之前的劳动力供给为 D_1，需求为 S_1，市场价格为 P_1，扩招之后高学历者供给增加，供给曲线由原来的 S_1 向外扩张到 S_2，此时若不存在劳动力市场分割，高学历者工资应该降低至 P_2。然而市场存在制度性分割，国有部门中的工作岗位的招聘有不少并不是由生产函数决定的，而是制度性的规定许多岗位门槛为大学毕业生、研究生甚至博士生，这种制度性的规定导致市场对高学历者的需求增加，以致形成过度需求，在图 A 中表现为需求曲线由原来的 D_1 向右移动至 D_2，市场价格也就由 P_2 提升至 P_3。短期和局部来看，这种过度需求形成的负面效应在诸多方面均有影响，一方面直接影响劳动力市场的改革与转型，同时也使社会对高等教育扩展产生了质疑。但从国际经验来看，这种情形虽会持续一段时间，只要坚持市场化改革，倒 U 型拐点势必出现，教育对减弱市场分割的程度及形成统一的竞争市场也会发挥其更大的作用。图 B 描绘的是另一种情形，代表的是私有部门，假设扩招之前的劳动力供给为 D_1，需求为 S_1，市场价格为 P_1，扩招之后高学历者供给增加，供给曲线由原来的 P_1 向外扩张到 S_2，私有部门受到生产成本的预算硬约束，岗位设置基本严格根据真实的岗位需求来制定，因此不会有过度需求的出现，大学毕业生从学校到企业的转型也完全依据其生产能力和配置能力，因此高学历者的工资受市场机制导向由原来的 P_1 降为 P_2。我们发现，近年来一般院校毕业的很多大学毕业生起薪收入与农民工收入有趋同迹象；并且，非国有部门越来越不受到高校毕业生追捧，而国有机关、事业单位及国有企业却在招聘过程中爆满，经过理论分析，这些现象也都不难理解了。

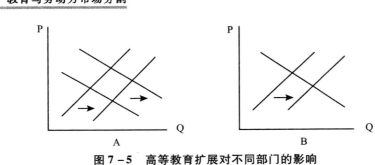

图 7 − 5　高等教育扩展对不同部门的影响

第 8 章

主要结论与研究展望

8.1

主要结论

1999 年，中共中央、国务院颁布和实施了《关于深化教育改革、全面推进素质教育的决定》，由此我国开始了一轮大规模的高等教育扩展，1998 年大学生招生人数为 108.4 万人，1999 年增加至 159.7 万人，以后连年都保持较高的扩招速度，直接或间接给劳动力市场带了一系列的变化。虽然高等教育扩展是欧美发达国家都经历过的事件，但放在中国特定的历史条件下，尤其是转型期经济发展的特点和要求，又赋予了它更丰富的含义和作用。理论界对此持两派不同的观点：大多数学者认为教育这种最重要的人力资本投资方式，能有效地提高劳动者的生产能力和配置能力，提高生产率，促进技术进步和经济发展；同时，在充满竞争的市场经济社会，教育的扩展能有效改善人们的收入分配不公平问题，成为实现社会公平的重要推动力。另一些学者则对此提出质疑，认为由于中国的劳动力市场是分割的，教育数量和规模上的扩展虽然能积累丰富的人力资本，却无法或很难使积累起来的人力资本得到有效的释放，发挥其生产能力和配置能力。正因为劳动力市场存在较为严重的制度性分割，两级市场之间工资收入、福利待遇、社会保障等机制差异较大，并且次要劳动力市场到主要劳动力市场的流动十分困难，教育（尤其是高等教育）的作用无法充分发挥，反而在短期内为市场迅速提供了大量的大学毕业生，造成了局部供大于求的状态，以至于近些年来大学毕业生就业难、收入不高等种种问题相继出现。因此，不赞成大规模的进行高等教育扩招，提出应该放缓扩招的速度。

本书针对这一问题，展开教育与劳动力市场分割关系的讨论，结合我国目前经济、社会发展实践，提出研究劳动力市场分割一个崭新的视角，即教育的视角。首先通过描述性提出学历分割的假说，然后分别利用主成分聚类分析方法和人力资本模型方法对此进行验证，并构建分割指数，利用 CHIP 各年份数据计算我国近 20 年来分割程度，最后利用前文计算的分割指数结合高等教育扩展的数据，从长期的视角探讨高等教育与劳动力市场之间的变动关系，以期准确认识二者之间的关系，为促进转型时期我国劳动力市场的改革和发展提供理论依据和政策支持。总的来说，本书研究得出的主要结论如后文内容。

8.1.1　劳动力市场学历分割的存在性

劳动力市场上的学历分割是存在的，即高学历劳动者群体和低学历劳动者群体的确处于两个分割的劳动力市场中。首先，统计描述的基本信息显示，工作合同性质上，高学历者劳动者中固定工的比重保持在 40% 左右，而低学历劳动者成为固定工就业的人数比重仅在 25% 左右；工资或收入上，以 2008 年的数据为例，高学历劳动者收入明显高于低学历劳动，但前者的基尼系数却要低于后者。再者，从实证结果来看，主成分聚类分析的聚类结果表明，高学历劳动者群体具有高度一致性，它们与工作职位相关的定量变量主成分得分均值基本都大于 0，即这些变量的实际水平都在平均水平以上。从收入和福利来看，三类样本代表的劳动者收入高、社会福利待遇好，其中收入最高为 76317 元，最低为 46770 元，是次要市场的 2～5 倍；个人医疗保险支出水平也都显著高于次要劳动力市场。从工作稳定性角度来看，这三类劳动者的均值非常接近 1，表示绝大多数的劳动者在国有部门工作，国有部门中更多的工作岗位设置是固定工，劳动者的工作稳定性比较强。另外，低学历劳动者群体也具有高度一致性，他们与工作职位相关的定量变量主成分得分均值均小于0，表示这些变量的实际值都在平均水平以下。与其他几类劳动者相比，收入水平非常低，其中最高的年均收入只有23596元。同时，社会福利待遇也比较差，年均医疗支出在500元左右。从就业单位的所有制性质来看，均值很低，表示在国有部门就业的比重非常小，工作非常不稳定而灵活性很强。两个群体分别处于劳动力市场的主要部门和次要部门。最后，根据明瑟收入方程的分析结果，劳动力市场上的确存在两个工资方程，并且两个方程比一个方程更具有解释力。

8.1.2 学历分割的变化趋势

近20年来，我国劳动力市场的学历分割程度呈上升的趋势。1988年我国学历分割指数为0.13，到2007年上升至0.80，2009年又下降至0.4，在这个过程中，数值的变化虽然有波动，但整体上来看，学历分割指数越来越大。自1977年恢复高考制度以来，高考对中国社会的影响日显重要。首先上大学能带给个人更多的社会福利，其次国家鼓励接收应届大学毕业生的政策也使具有大学学历的个人在就业方面拥有更强的流动能力和选择权。但相反的一面是，没有获得大学学历的个体，尤其是广大农村青年个体，由于人力资本和社会资本双低，在城市劳动力市场上就业过程中呈现出较明显的弱势。随着户籍制度的逐渐松动和单位制的不断衰退，高考制度所导致的社会分层越来越明显，形成的劳动力群体分割亦越来越严重，并且这种分割的程度随着 20 世纪 90 年代末的大学扩招政策的实施而逐渐加剧。利用微观数据计算的全国层面的分割指数，在 2001 年以后明显上涨，说明劳动力市场学历分割近 10 年来日趋严重。

8.1.3　教育对劳动力市场分割的短期影响

从短期或局部来看，教育扩展会形成劳动力市场分割或加剧分割程度。高等教育发展，短期内增加了高素质高技能劳动力的供给，改变了劳动力市场供给结构，而劳动力市场一时来不及调整，大学毕业生数量大量增加，在满足市场需求的同时也会增加不同层次劳动力的就业难度，一方面会导致局部地区和行业"知识失业"及过度教育，大学生就业困难，另一方面也会导致大学毕业生对非大学毕业生就业的挤压，使低学历劳动者群体处于更加不利的处境。我们利用 2007 年和 2008 年的年份数据所做的实证分析结果证明，高考制度导致的劳动力群体分割是存在的，是否具有大学学历文凭在现阶段是一个劳动者能否进入主要劳动力市场最重要的标准。而对 1988 年至 2009 年全国性的分割指数的计算结果揭示出，随着中国教育扩张，特别是 1999 年开始的高等教育扩展，有高等教育学历的绝对数在持续快速增长，教育获得的不平等程度非但没有下降，反而呈上升的趋势，教育扩张没有缩小高学历劳动者群体和低学历劳动者群体之间的收入差异，也没能为低学历劳动者群体提供更多的向上流动的机会，反而表现在劳动力市场上的结果是，学历分割程度越来越严重。这一结论看似与经典的劳动力市场分割理论相悖，也不符合人力资本投资理论的基本导向，但实际上这只是一种短期的或局部的现象，并不是长期成立的，因而从理论和实践上来看，都是不矛盾的。

8.1.4 教育与劳动力市场分割的长期变动关系

从长期来看，教育与劳动力市场分割的倒 U 型关系应该是存在的。劳动力市场分割和高等教育扩展西方发达国家都已经经历过，美国、印度今天分别成为创新强国和软件大国，与其早期的高等教育快速扩张就有着密切的因果关系。教育扩展是人力资本迅速积累的阶段，随着整个劳动力市场上高学历劳动者群体的相对数量的不断上涨，并且当这种供给是满足市场需求的时候，教育扩展的作用必将在某一个时期充分显现，也就是拐点来临，实现教育减弱劳动力市场分割的作用，二者的变动关系是动态变化的，既不是直线上升，也不是一味下降。其背后的逻辑是，在高等教育发展初期，当劳动力的队伍中只有很低比例的大学毕业生时，他们的工作岗位和工资收入等，都处于比较有利的位置，高等教育工资溢价比较高，所以此时高等教育的发展就成为扩大高学历劳动者群体和低学历劳动者群体收入差距、工资机制差距的重要力量，本书的劳动力市场分割指数是以收入差异作为度量和设计的基础，因此也就表现为学历分割指数不断上涨的过程。但是从长期来看，随着高等教育的继续不断扩展，劳动力市场上大学毕业生的比例会越来越高，其优势地位也会相对降低。另外，我国经济转型化发展和科技进步也促使次要劳动力市场上的工作岗位提高对求职者的生产、技能要求，与之相对应的是更高的生产能力和配置能力的要求，实际上也就是需要更多的高学历劳动者加入，这就会反向倒逼次要劳动力市场改革从前的工资机制，改善福利待遇，使这些岗位特征越来越接近主要部门，这种情况越来越普遍，就会不断弱化两级劳动力市场分割，最终实现市场的统一。高等教育扩展与劳动力市场分割倒 U 型变动关系的理论利用中国最近年份的数据分析并没有得到证实，这说明很可能是数据过短所致，因为到目前为止，大学扩招培养的大学毕业生走向劳动力市场只有十余年，中国的市场经济改革也仍在进行中，劳动力市场的转型同样正在经历中，所以本书认为，教育与劳动市场分割的动态变动关系应该是存在的，只是需要历史的车轮继续前行，方可检验。

8.2

政策含义

教育扩展既是社会经济发展的必然要求，也是就业人口结构变化和教育自身发展的需求，但当劳动力市场存在分割时，一切会变得更为复杂，并且这种分割还可能持续较长的一段时期，于是教育对劳动力市场分割本身的影响的探讨显得十分重要而又有趣，通过本书的研究和结论，得到以下政策启示。

8.2.1　政府的职能

第一，深化教育制度的改革和发展。虽然教育发展比较快，甚至部分地区和行业出现了教育过度现象，但总的来说，中国仍不是教育强国，人均受教育程度、政府的教育投入、教育的地区差异、教育质量等都有待提高和改进。特别是教育的体制机制不适应教育自身的发展，也不适应社会经济的发展，现阶段我国仍需继续扩大教育规模，更要优化教育的结构，提升教育的质量，促进教育的公平，并处理好规模、结构、质量、公平的关系，创新教育体制机制和人才培养模式，尤其需要创新高等教育的体制机制和培养模式，提升高校的办学自主权，鼓励和促进大学之间展开合理的竞争。

第二，加快促进劳动力市场的转型。建立统一竞争的劳动力市场，充分发挥市场在劳动力资源配置中的基础性作用，这就要求打破劳动力市场的制度性分割，破除依附于各种制度上的收入、福利待遇等在劳动力流动中的屏障作用，打破行业和部门垄断，规范收入分配，缩小收入差距。平衡好劳动力市场的灵活性和稳定性，使正规就业增加灵活性，非正规就业适当增加稳定性。改革评价和激励机制，营造民主、自由、求实、包容的环境，使接受了高等教育的创新型人才能脱颖而出，使各类人才都能各尽所能，各得其所。

第三，衔接好教育与劳动力市场的关系。教育培养出来的人才终要走向市场，因此教育的规模、结构和质量必须满足劳动力市场的需求，才能使大学毕业生实现从学校到工作的转换，更好的匹配到工作岗位上。教育并不是被动满足劳动力市场的需求，而是可以引领和提升劳动力市场的，在某种意义上，劳动力市场的状况是由教育的状况决定的。为使教育与劳动力市场更好地衔接，可建立起教育主管部门和劳动力市场主管部门的沟通对话机制，定期就有关问题进行交流磋商。

8.2.2　企业和社会的责任

作为企业，特别是国有企业，应当建立起以生产成本函数为基础的用人制度，量岗择人或因人设岗，用人单位应当规范其岗位的选拔和考核机制，加强企业的规范化建设，避免和杜绝教育不足或教育过度的情况发生，使劳动力市场能真正显现对劳动者的真实需求。许多用人单位没有根据岗位需求引进大学毕业生，造成了劳动力资源配置的低效率及人才浪费。而就业指导中心、人才交流中心和其他中介服务机构，应当承担提供信息和相关服务的职责，这些机构对劳动力市场非常重要，需要完善其职能，拓展服务范围，向供求双方提供充分的信息，建立劳动者和企业的沟通平台，促进劳动力资源有效合理配置，并及时反馈信息给政府决策部门，提高决策效率。

8.2.3　高校和劳动者的适应与调整

劳动者是劳动力市场上的供给方，虽然目前的就业形势，尤其是大学毕业生的就业形势并不十分乐观，应当理性看待需求和供给状况，客观评价自身价值，既要理顺宏观背景下高等教育扩展的意义，对微观劳动者个体的人力资本持续投资，又要根据短期市场状况努力实现顺利就业，在此过程中需要对自身职业定位进行不断地调整，以适应市场和用人单位的需求，实现自己更大的价值。高校也需要调整自身定位，培养学生的具体目标往往因人而异、因校而异，尤其是国内知名院校，大都以培养高精尖人才或是学术研究型人才为目标，但无论高校培养人才在目标追求上有何差异，都不希望看到学生毕业后面临的是失业，或者低质量的就业。因此，高等院校需要担当起应尽的职责，例如完善就业信息数据库，及时更新和传达就业信息；与企业和其他用人单位建立合作平台，给学生提供更多的实习推荐，也给用人单位提供更多的人才；在学生就读期间，注重培养综合素质和能力，提升其人力资本水平，并注重职业规划方面的培训和服务等。

8.3

研究展望

　　教育与劳动力市场分割的关系涉及每一位就业人员和潜在就业人员，直接关系着劳动力市场建设和教育事业的发展，更影响国家经济发展和转型的完成，无论是理论上的分析，还是实践意义上的探讨，本书的研究都无法涵盖所有的内容，只是在已有研究的基础上，结合我国经济社会背景，考察了教育

（主要是高等教育）对劳动力市场分割的影响，因此可以进一步拓展研究的空间。

第一，研究方法的深化。首先是关于劳动力市场分割程度的测定，目前在国内外展开的研究并不多，本书是在已有文献基础上借鉴和参考了奥尔（1997）的分割指数，利用中国的数据对分割程度进行了测量，这一分割指数建立的基础是收入差异，也就是从收入差异角度来度量市场分割的程度。关于劳动力市场分割的测量仍然是一个正在探索的话题，如是否可以从流动障碍度的角度设计一个分割指数，或是将已有指数融合更多能考量分割程度的指标呢，这既是本书可以继续研究的问题，也是整个劳动经济学领域需要继续探寻的方向。其次，本书主要思考的是高等教育与劳动力市场分割之间的变动关系，而没有考察职业教育、基础教育等其他教育对劳动力市场分割的影响，尤其是职业教育，随着社会分工越来越细，通识性教育与职业教育对劳动者就业的作用日益分化，高等教育固然重要，而职业教育也逐渐显示其价值和意义，如农民工群体，他们的人力资本水平主要来自于基础教育和职业教育，他们在城市的就业，对劳动力市场具有举足轻重的影响，因此这也是我们下一步需要研究的主要目标。

第二，研究方向的拓展。本书主要从教育对劳动力市场的影响这一方向展开研究，因为教育引领着劳动力市场的发展，但劳动力市场对高等教育的发展也有引领，主要体现在三个方面：一是激励。教育是一种引致性需求，它的经济性回报是通过劳动力市场来实现的，因此劳动力市场的状况决定着人们投资教育的动力，从而也决定着教育的发展状况。二是配置。高等教育具有人才培养、科学研究、服务社会和文化传承的功能，但最主要的功能是人才培养，大学培养的毕业生如何配置，不仅关系优质人力资源是否能够各尽所能，还关系优质人力资源是否能够各得其所，而这种配置必须通过劳动力市场才能完成。三是评价。教育的规模和结构是否合理、教育的质量是否令人满意，最终通过劳动力市场来评价，劳动力市场将评价的结果反馈给学校，学校依此做出调整，从而达到二者良好的衔接和互动。作为一种后续性研究，我们可以继续探讨劳动力市场分割对教育有何影响。

　　第三，研究范围的扩大。由于受到数据的限制，在实证研究过程中，本书对国内关系的验证只采用了 1988 年、1995 年、2002 年、2007 年、2008 年和 2009 年这 6 个年份的数据对全国和地方一般性的学历分割程度进行了测量，而没有利用企业微观数据做国有企业与非国有企业学历分割程度的比较研究，及高等教育对劳动力市场分割的影响做细致的区分。更进一步的，如果能够掌握一些发达国家的企业微观数据，则可以更加全面的进行比较分析。这些都是未来本研究可以完善和扩展的主要内容。

参 考 文 献

[1] Alexander, A. J. (1974). "Income, Experience, and the Structure of Internal Labor Markets", Quarterly Journal of Economics, 63 – 85.

[2] Anderson, K. H., Butler, J. S., Sloan, F. A. (1987). "Labor Market Segmentation: A Cluster Analysis of Job Groupings and Barriers to Entry." Southern Economic Journal, 53: 571 – 90.

[3] Andries de Grip, Inge Sieben, Danielle van Jaarsveld (2006). "Labour Market Segmentation Revisited: A Study of the Dutch Call Centre Sector."

[4] Annapurna Shaw, Kavita Pandit (2001). "The Geography of Segmentation of Informal Labor Markets: The Case of Motor Vehicle Repair in Calcutta." Economic Geography, 77 (2): 180 – 196.

［5］ Arcidiacono P. （2004）. "Ability Sorting and the Re-turns to College Major. " Journal of Econometrics, 121 （1 - 2）: 343 - 375.

［6］ Audretsch, D. B. , Keilbach, M. C. and Lehmann, E. E. （2006）. "Entrepreneurship and Economic Growth. " New York: Oxford University Press.

［7］ Bardhan, Pranab and Udry Christopher （1999）. "Devel-opment Microeconomics. " Cambridge: Cambridge University Press.

［8］ Beck, E. M. , Horan, P. M. , Tolbert II, C. M. （1978）. "Stratification in a Dual Economy: A Sectoral Model of Earnings De-termination. " American Sociological Review, 43: 704 - 720.

［9］ Beck, M. P. （1998）. "Dualism in the German Labor Market? A Nonparametric Analysis with Panel Data. " American Journal of Economics and Sociology, 57: 261 - 283.

［10］ Bibb R. , Form, W. H. （1977）. "The Effects of Indus-trial, Occupational, and Sex Stratification on Wages in Blue - Collar Markets. " Social Forces, 55: 974 - 996.

［11］ Birch, D. （1981）. "Who Creates Jobs?" Public In-terest, 65: 3 - 14.

［12］ Blinder, Alan S. （1973）. "Wage discrimination: Re-duced form and structural variables. " Journal of Human Resources,

8: 436 - 455.

[13] Blonestone, B. (1970). "Labor Markets and the Working Poor." Poverty and Human Resources, 6: 15 - 35.

[14] Blonestone, B. (1972). "Economic Theory, Economic Reality, and the Fate of the Poor." The Political Economy of Public Service Employment Edited by Harold L. Sheppard et al. Lexington, MA: D. C. Heath and Company.

[15] Bonacich, E. (1972). "A Theory of Ethnic Antagonism: The Split Labor Market." American Sociological Review, 37: 547 - 559.

[16] Bonacich, E. (1976). "Advanced Capitalism and Black/White Race Relations in the United States: A Split Labor Market Interpretation." American Sociological Review, 41: 34 - 51.

[17] Boston, T. D. (1990). "Segmented Labor Markets: New Evidence from a Study of Four Race - Gender Groups." Industrial and Labor Relations Review, 44: 99 - 115.

[18] Botelho, F., Ponczek, V. (2006). "Segmentation in the Brazilian Labor Market." Working Paper, http: //www. anpec. org. br/encontro2006/artigos/A06A020. pdf.

[19] Bound, John and George Johnson (1992). "Changes

in the structure of wages in the 1980s: an evaluation of alternative explanations. " American Economic Review, 82: 37 - 392.

[20] Cain, Glen G. (1976). "The Challenge of Segmented Labor Market Theories to Orthodox Theory: A Survey. " Journal of Economic Literature, 14 (4): 1215 - 1257.

[21] Card D, Lemieux T (2001). "Can Falling Supply Explain the Rising Return to College for Younger Men? A Cohort - Based Analysis. " Quarterly Journal of Economics, 116 (2): 705 - 746.

[22] Cipollone Piero (2001). "Is the Italian Labour Market Segmented?" Temi di discussinoe No. 400, Banca D'Italia.

[23] Cornelius, B. , Landstrom, H. , & Persson, O. (2006). "Entrepreneurial studies: The dynamic research front of a developing social science. " Entrepreneurship Theory and Practice, 30 (3), 375 - 398.

[24] Daniel Hiebert (1999). "Local Geographies of Labor Market Segmentation: Montreal, Toronto, and Vancouver. " Economic Geography, 75 (4): 339 - 369.

[25] Demurger, Sylvie, Martin. Fournier, Shi. Li and Zhong Wei (2006a). "Economic Liberalization with Rising Segmentation on China Urban Labor Market. " Asian Economic Papers 5 (3):

58 – 101.

[26] Dickens, W. T. , Lang, K. (1985b). "Testing Dual Labor Market Theory: A Reconsideration of the Evidence. ", NBER Working Paper, No. 1670.

[27] Dickens, W. T. , Lang, K. (1987). "A Goodness of Fit Test of Dual Labor Market Theory. " NBER Working Paper, No. 2350.

[28] Dickens, W. T. , Lang, K. (1988a). "Labor Market Segmentation and the Union Wage Premium. " The Review of Economics and Statistics, 70: 527 – 30.

[29] Dickens, W. T. , Lang, K. (1988b). "The Reemergence of Segmented Labor Market Theory. " The American Economic Review, 78: 129 – 34.

[30] Dickens, W. T. , Lang, K. (1992). "Labor Market Segmentation Theory: Reconsidering the Evidence", NBER Working Paper, No. 4087.

[31] Dickens, William T. and Kevin Lang (1985a). "A Test of Dual Labor Market Theory. " American Economic Review, Sept. 75: 792 – 805.

[32] Dickens, William T. and Kevin Lang (1985b). "Testing Dual Labor Market Theory: A Reconsideration of the Evidence. "

NBER Working Paper, No. 1670.

[33] Dickens, William T. and Kevin Lang (1986). "Labor Market Segmentation and the Union Wage Premium." NBER Working Paper, No. 1883.

[34] Dickens, William T. and Kevin Lang (1987b). "A Goodness of Fit Test of Dual Labor Market Theory." NBER Working Paper, No. 2350.

[35] Dickens, William T. and Kevin Lang (1988). "The Reemergence of Segmented Labor Market Theory." American Economic Review, 78 (2): 129 – 134.

[36] Dickens, William T. and Kevin Lang (1992). "Labor Market Segmentation Theory: Reconsidering the Evidence." NBER Working Paper, No. 4087.

[37] Dickers, W. T., Lang, K. (1985a). "A Test of Dual Labor Market Theory." The American Economic Review, 75: 792 – 805.

[38] Dimitris Pavlopoulos, Didier Fouarge, Ruud Muffels, Jeroen K. Vermunt (2007). "Who benefits from a job change: the dwarfs or the giants?" IRISS working paper, 16.

[39] Doeringer, P. B.; Piore, M. J. (1971). "Internal Labor Markets and Manpower Analysis." Lexington, MA: D. C.

Heath and Company, Revised Edition (1985). New York: M. E. Sharpe, Inc.

[40] Donald R. Davis, James Harrigan (2007). "Good jobs bad jobs and trade liberalization. " Journal of International Economics, 84 (1): 26 - 36.

[41] Dong Xiaoyuan and Bowles Paul (2002). "Segmentation and discrimination in China's emerging industrial labor market. " China Economic Review, 13: 170 - 196.

[42] Dong, X. , Macphail, F. , Bowles, P. (2004). "Gender Segmentation at Work in China's Privatized Rural Industry: Some Evidence from Shangdong and Jiangsu. " World Development, 32: 979 - 998.

[43] Drago, R. , Wi, U. (1995). "Divide and Conquer in Australia: A Study of Labor Segmentation. " Review of Radical Political Economics, 27: 25 - 70.

[44] Flatau, P. , Lewis, P. (1993). "Segmented Labor Markets in Australia. " Applied Economics, 25: 285 - 294.

[45] Fleisher, B. M. , Wang, X. (2004). "Skill Differentials, Return to Schooling, and Market Segmentation in a Transition Economy: The Case of Mainland China. " Journal of Development Economics, 73: 315 - 328.

[46] Freeman, Richard B. (1975). "Overinvestment in college training?" Jounal of Human Resources, 10: 287 – 311.

[47] Freeman, Richard B and Lawrence F. Katz (1994). "Rising wage inequality: the United States vs. other advanced countries", in: R. Freeman, ed. , Working under different rules (Russell Sage Foundation, New York).

[48] Gary S. Fields (2004). "Dualism in the labor market: a perspective on the Lewis model after half a century. " The Manchester School, 72 (6): 1463 – 6786, 724 – 735.

[49] Gary S. Fields (2005). "A guide to multisector labor market models. " Social protection discussion paper of the world bank No. 505.

[50] Gaubert, P. , Cottrell, M. (1999). "A Dynamic Analysis of Segmented Labor Market", Fuzzy Economic Review, 4: 63 – 82.

[51] Glen G. Cain (1976). "The challenge of segmented labor market theories to orthodox theory: a survey. " Journal of Economic Literature 14 (4): 1215 – 1257.

[52] Graham, J. , Shakow, D. M. (2008). "Labor Market Segmentation and Job – Related Risk: Differences in Risk and Compensation Between Primary and Secondary Labor Mar-

kets", American Journal of Economics and Sociology, 49: 307 –
323.

[53] Granovetter, Mark (1974). "Getting a Job: A Study
of Contacts and Careers. Cambridge." MA: Harvard University
Press.

[54] Granovetter, Mark (1973). "The Strength of Weak
Ties. merican Journal of Sociology." 78: 11360 – 11380.

[55] Gustafsson, B. and L. Shi (2000). "Economic trans-
formation and the gender earnings gap in urban China." Journal of
Population Economics 13 (2): 305 – 329.

[56] Harald Bauder (2001). "Culture in the labor market:
segmentation theory and perspectives of place." Progress in Human
geography, 25 (1): 37 – 52.

[57] Harrison, B. (1972). "Education and Underemploy-
ment in the Urban Ghetto", The American Economic Review, 62:
796 – 812.

[58] Heckman, J. J. , Hotz, V. J. (1986). "An Investi-
gation of the Labor Market Earnings of Panamanian Males Evaluating
the Sources of Inequality", The Journal of Human Resources, 21:
507 – 542.

[59] Hildebrand, G. H. , (1963). "External Influence and

the Determination of the Internal Wage Structure. " in Internal Wage Structure, Edited by Meij, J. L. , Amsterdam: North Holland, 260 – 299.

[60] Hodson, R. (1984). "Companies, Industries, and the Measurement of Economic Segmentation. " American Sociological Review, 49: 335 – 348.

[61] Irena Grosfeld, Claudia Senik – Leygonie, Thierry Verdier, Stanislav Kolenikov, Elena Paltseva (1999). Dynamism and Inertia on the Russian Labour Market: A Model of Segmentation, Working paper, 246.

[62] James Heintz, Dorrit Posel (2007). Revisiting informal employment and segmentation in the south African labaour matket.

[63] James J. , Heckman (1979). "Sample Selection Bias as a Specification Error. " Econometrica, 47 (1): 153 – 161.

[64] Jenn, Ben (2008). "The Blinder – Oaxaca Decomposition for Linear Regression Models. " The Stata Journal, 8 (4): 453 – 479.

[65] Jeremy Bulow and Lawrence Summers (1986). "A theory of Dual Labor Markets with Application to Industrial Policy, Discrimination, and Keynesian Unemployment, " Journal of Labor Economics, 4: 376 – 414.

[66] Claudia Goldin (1986). "Monitoring Costs and Occupational Segregation by Sex: A Historical Analysis," Journal of Labor Economics 4: 1 – 27.

[67] James Rebitzer (1993). "Radical Political Economy and the Economics of Labor Markets," Journal of Economic Literature 31: 1417.

[68] Kalachek, E., Raines, F. (1976). "The Structure of Wage Differentials Among Mature Male Workers." The Journal of Human Resources, 11: 484 – 506.

[69] Kerr, C. (1954). "The Balkanization of labor markets", in Labor Mobility and Economic Opportunity, Cambridge, Mass: MIT Press.

[70] Knight John and Li Shi (2005). "Wage, firm profitability and labor market segmentation in urban China", China Economic Review, 16: 205 – 228.

[71] Lang, K., Dickers, W. T. (1993). "Bilateral Search as An Explanation for Labor Market Segmentation and Other Anomalies." NBER Working Paper, No. 4461.

[72] Launov, A. (2004). "An Alternative Approach to Testing Dual Labor Market Theory", download form http://econpapers. repec. org/paper/izaizadps/dp1289. htm.

[73] Leigh, D. E. (1976). "Occupational Advancement in the Late 1960s: An Indirect Test of the Dual Labor Market Hypothesis", The Journal of Human Resources, 11: 155 – 171.

[74] Leontaridi, R. M. (1998). "Segmented Labor Markets: Theory and Evidence", Journal of Economic Surveys, 12: 63 – 101.

[75] Leontaridi, R. M. (2002). "Career, Experience and Returns to Human Capital: Is the Dual Labor Market Hypothesis Relevant for the U. K. ", Research in Economics, 56: 399 – 426.

[76] Liu Pak – Wai, Zhang Junsen and Shu – Chuen Chong (2000). Sector gender wage differentials and discrimination in the transitional Chinese economy", Journal of Population Economics 13: 331 – 352.

[77] Maddala, G. S. (1983). "Limited-dependent and Qualitative Variables in Economics", Cambridge: Cambridge University Press.

[78] McNabb, R. , Psacharopoulos, G. (1981). "Further Evidence of the Relevance of the Dual Labor Market Hypothesis for the U. K. ", The Journal of Human Resources, 16: 442 – 8.

[79] Meng Xin and Zhang Junsen (2001). "The Two – Tier Labor Market in Urban China", Journal of Comparative Economics 29: 485 – 504.

[80] Meng Xin (1998). "Male-female wage determination and gender wage discrimination in China's rural sector", Labour Economics, 5 (1): 67 – 89.

[81] Michael Reich, David M. Gordon, Richard C. (1973). "Edwards. A Theory of Labor Market Segmentation". The American Economic Review, 63 (2): 359 – 365.

[82] Mincer, Jacob (1974). "Schooling Experience and Earnings. New York: Columbia University, Press.

[83] Mitchell, W. , Muysken, J. , Welters, R. (2005). "Search Behavior and the Casualties of the Dual Labor Market", Working Paper No. 05 – 15, Centre of Full Employment and Equity, The University of Newcastle, Callaghan NSW 2308.

[84] Murphy, Kevin M. and Finis Welch (1992). "The structure of wages", Quarterly Journal of Economics, 107: 285 – 326.

[85] Neuman, S. , Ziderman, A. (1986). "Testing the Dual Labor Market Hypothesis Evidence from the Israel Labor Mobility Survey", The Journal of Human Resources, 21: 230 – 237.

[86] Oaxaca, Robert (1973). "Male-female wage differentials in urban labor markets", International Economic Review, 14: 693 – 709.

[87] Orr, D. V. (1997). "An Index of Segmentation in Lo-

cal Labor Markets", International Review of Applied Economics, 11: 229 – 270.

[88] Oster, G. (1979). "A Factor Analytic Test of the Theory of the Dual Economy." The Review of Economics and Statistics, 61: 33 – 39.

[89] Osterman, P. (1975). "An Empirical Study of Labor Market Segmentation", Industrial Labor Relations Review, 28: 508 – 23.

[90] Piore, M. J. (1973). "Fragments of a Sociological Theory of Wages", American Economic Review, 63: 377 – 384.

[91] Piore, M. J. (1975). "Notes for a Theory of Labor Market Stratification", in Labor Market Segmentation, Edited by Edwards, R. C.; Reich, M.; Gordon, D. M., Lexington, MA: D. C. Heath and Company, 125 – 150.

[92] Rebitzer, J. B., Robinson, M. D. (1978). "Employer Size and Dual Labor Markets", The Review of Economics and Statistics, 73: 710 – 715.

[93] Roy, A. (1951). "Some Thoughts on the Distribution of Labor Earnings", Oxford Economic Papers 3: 135 – 146.

[94] Sakamoto, A., Chen, M. D. (1991). "Inequality and Attainment in a Dual Labor Market", American Sociological Re-

view, 56: 295 - 308.

[95] Sara McLafferty, Valerie Preston (1992). Spatial Mismatch and Labor Market Segmentation for African - American and Latina Women, Economic Geography, 68 (4): 406 - 431.

[96] Serhiy Stepanchuk (2003). "Labor market segmentation: the case of Ukraine and Russia", MA thesis, National University of "Kyiv - Mohyla Academy".

[97] Silvia Ardagna, Annamaria Lusardi (2008). "Explaining International Differences in Entrepreneurship: The Role of Individual Characteristics and Regulatory Constraints. " NBER Working Paper No. 14012.

[98] Sousa - Poza, A. (2004). "Is the Swiss Labor Market Segmented? An Analysis Using Alternative Approaches", Labor, 18: 131 - 61.

[99] Stolzenberg, R. M. (1975). "Occupations, Labor Markets and the Process of WageAttainment", American Sociological Review, 40: 645 - 65.

[100] Taira, Koji (1986). Labor market segmentation in Japan: how rigid is it? Monthly labor review.

[101] Taubman, P. , Wachter, M. L. (1986). "Chapter 21: Segmented Labor Markets", in Handbook of Labor Economics,

Vol. II, Edited by Ashenfelter, O. and Layard, R. , New York: North Holland, 1183 – 1217.

[102] Thomas V. , Bennett H. (1973). Labor Market Segmentation: Positive Feedback and Divergent Development [J]. The American Economic Review, 63 (2): 366 – 376.

[103] Thurow, L. C. (1970). "Poverty and Discrimination", Washington: The Brookings Institute.

[104] Thurow, L. C. (1975). "Generating Inequality: New York: McMillan Press.

[105] Tod D. Rutherford (1998). "Still in Training?" Labor Unions and the Restructuring of Canadian Labor Market Policy, Economic Geography, 74 (2): 131 – 148.

[106] Tolbert, C. , Horan, P. M. , Beck, E. M. (1980). "The Structure of Economic Segmentation: A Dual Economy Approach", American Journal of Sociology, 85: 1095 – 1116.

[107] Vrooman, John (1979). A theoretical model of segmented youth labor markets and the school to work transition.

[108] Wachter, M. L. , Betsey, C. (1972). "Employment at Low Wages", Review of Economics and Statistics, 54: 121 – 129.

[109] Wachter, M. L. , Gordon, R. A. , Piore, M. J. ,

Hall, R. E. (1974). "Primary and Secondary Labor Markets: A Critique of the Dual Approach", Brookings Paper on Economic Activity, 637 – 93.

[110] William Dickens and Kevin Lang (1985). "A Test of Dual Labor Market Theory," American Economic Review, 75: 792 – 805.

[111] William Kerr, Ramana Nanda (2009). "Financing Constraints and Entrepreneurship." NBER Working Paper No. 15498.

[112] William T. Dickens, Kevin Lang (1985). A test of dual labor market theory, The American Economic Review, 75 (4): 792 – 805.

[113] William T. Dickens, Kevin Lang (1992). Labor market segmentation theory: reconsidering the evidence, NBER working paper, 4087.

[114] Yao Yang (1999). "Rural industry and labor market integration in eastern China", Journal of Development Economics, 59: 463 – 496.

[115] Zhang Junsen, Jun Han, Pak – Wai Liu, and Yaohui Zhao (2008). "Trends in the Gender Earnings Differential in Urban China, 1988 – 2004", Industrial and Labor Relations Review

61 (2): 224 – 243.

[116] Zhao Yaohui (1999a). "Leaving the Countryside: Rural – To – Urban Migration Decisions in China", American Economic Review Papers and Proceedings, 89 (2): 281 – 286.

[117] Zhao Yaohui (1999b). "Labor Migration and Earnings Difference: The case of Rural China", Economic Development and Cultural Change, 47 (4): 767 – 782.

[118] Zhao Yaohui (2002a). "Cause and Consequence of the Return of the Migration: Recent Evidence from China", Journal of Comparative Economics, 30 (2): 376 – 394.

[119] Zhao Yaohui (1997). "Labor Migration and Returns to Rural Education in China", American Journal of Agricultural Economics, 79 (4): 1278 – 1287.

[120] Zucker, L. G., Rosenstein, C. (1981). "Taxonomies of Institutional Structure: Dual Economy Reconsidered", American Sociological Review, 46: 869 – 884.

[121] Simon Appleton, John Knight, Lina Song, & Qingjie Xia (2004). "Contrasting paradigms: segmentation and competitiveness in the formation of the chinese labour market", Journal of Chinese Economic & Business Studies, 2 (3), 185 – 205.

[122] Knight, J. B., Song, L. (1995). "Toward a labour

market in china", Oxford Review of Economic Policy, 11 (4), 97 –
117.

[123] 毕先萍, 徐章辉. 国外治理青年失业的政策及其启示 [J]. 中国青年研究, 2005, (03): 25 – 30.

[124] 蔡昉, 都阳, 王美艳. 户籍制度与劳动力市场保护 [J]. 经济研究, 2001, (12): 41 – 49.

[125] 蔡昉. 中国的二元经济与劳动力转移——理论分析与政策建议 [M]. 北京: 中国人民大学出版社, 1990.

[126] 蔡昉. 刘易斯转折点——中国经济发展的新阶段 [M]. 北京: 社会科学文献出版社, 2008.

[127] 蔡昉, 林毅夫. 中国经济 [M]. 北京: 中国财政经济出版社, 2003.

[128] 蔡昉, 林毅夫, 李周. 中国的奇迹——发展战略与经济改革 [M]. 上海: 上海人民出版社, 1994.

[129] 程贯平, 马斌. 改革开放以来我国劳动力市场制度性分割的变迁及其成因 [J]. 理论导刊, 2003, (07): 21 – 23.

[130] 程贯平. 劳动力市场分割文献评述 [J]. 西华大学学报 (哲学社会科学版), 2005, (03): 64 – 67, 70.

[131] 陈钊, 万广华, 陆铭. 行业间不平等: 日益重要的城镇收入差距成因——基于回归方程的分解 [J]. 中国社会科

学，2010，（03）：65 – 76，221.

[132] 黄宗智. 长江三角洲小农家庭与乡村发展 ［M］. 北京：中华书局，2000.

[133] 葛玉好. 部门选择对性别工资差距的影响 ［J］. 经济学（季刊），2007，（02）：607 – 628.

[134] 葛玉好，曾湘泉. 市场歧视对城镇地区性别工资差距的影响 ［J］. 经济研究，2011，（06）：45 – 56，92.

[135] 葛苏勤. 劳动力市场分割理论的最新进展 ［J］. 经济学动态，2000，（12）：53 – 56.

[136] 郭丛斌. 二元制劳动力市场分割理论在中国的验证 ［J］. 清华大学教育研究，2004，（04）：43 – 49.

[137] 郭继严，董克用，刘昕，李萍，刘灿. 关于中国就业战略的思考——专家、学者一席谈 ［J］. 宏观经济研究，1999，（08）：35 – 44.

[138] 晋利珍. 劳动力市场行业分割在中国的验证 ［J］. 人口与经济，2009，（05）：35 – 40.

[139] 赖德胜. 教育、劳动力市场与创新型人才的涌现 ［J］. 教育研究，2011，（09）：8 – 13，21.

[140] 赖德胜，孟大虎，李长安，田永坡. 中国就业政策评价：1998 – 2008 ［J］. 北京师范大学学报（社会科学版），2011，（03）：110 – 124.

[141] 赖德胜，苏丽锋，孟大虎，李长安. 中国各地区就业质量测算与评价 [J]. 经济理论与经济管理，2011，（11）：88 - 99.

[142] 赖德胜. 教育、劳动力市场与创新型人才 [J]. 第一资源，2011，（03）：42 - 55.

[143] 赖德胜. 论共享型增长——促进就业扩大和收入平等的新发展模式 [J]. 第一资源，2009，（01）：1 - 12.

[144] 赖德胜. 教育、劳动力市场与收入分配 [J]. 经济研究，1998，（05）：43 - 50.

[145] 赖德胜. 论劳动力市场的制度性分割 [J]. 经济科学，1996，（6）：19 - 23.

[146] 赖德胜. 分割的劳动力市场理论评述 [J]. 经济学动态，1996，（11）：65 - 67.

[147] 赖德胜. 高等教育扩展背景下的劳动力市场变革 [A]. 北京大学、北京市教育委员会、韩国高等教育财团. 北京论坛. 文明的和谐与共同繁荣——新格局·新挑战·新思维·新机遇："世界经济变化中的教育发展：质量、公平与效率"教育分论坛论文及摘要集 [C]. 北京大学、北京市教育委员会、韩国高等教育财团：2012，12.

[148] 李实，马欣欣. 中国城镇职工的性别工资差异与职业分割的经验分析 [J]. 中国人口科学，2006，（05）：2 - 13.

[149] 李稻葵，刘霖林，王红领. GDP 中劳动份额演变的 U 型规律 [J]. 经济研究，2009，（01）：70 – 82.

[150] 李路路. 制度转型与分层结构的变迁——阶层相对关系模式的"双重再生产"[J]. 中国社会科学，2002，（06）：105 – 118，206 – 207.

[151] 李济广. 劳资分配比例的中外比较 [J]. 统计研究，2008，（10）：110 – 112.

[152] 李晓宁. 职业分割、性别歧视与工资差距 [J]. 财经科学，2008，（02）：88 – 96.

[153] 李萍，刘灿. 论中国劳动力市场的体制性分割 [J]. 经济学家，1999，（06）：18 – 22.

[154] 刘国宇. 劳动力市场分割对收入分配的影响 [D]. 重庆理工大学，2011.

[155] 陆铭. 工资和就业的议价理论——对中国二元就业体制的效率考察 [M]. 上海：上海人民出版社，2004.

[156] 罗胤. 我国城市劳动力市场中的歧视问题研究 [D]. 吉林大学，2008.

[157] 聂盛. 我国经济转型期间的劳动力市场分割：从所有制分割到行业分割 [J]. 当代经济科学，2004，（06）：23 – 28.

[158] 乔明睿，钱雪亚，姚先国. 劳动力市场分割、户口

与城乡就业差异 [J]. 中国人口科学, 2009, (01): 32 - 41.

[159] 曲兆鹏. 劳动力市场分割的理论与实证——以中国为例的研究 [D]. 北京师范大学经济与工商管理学院, 2006.

[160] 科斯, 阿尔钦, 诺斯. 财产权利与制度变迁 [M]. 上海: 上海人民出版社, 1994.

[161] Sylvie Démurger, Martin Fournier, 李实, 魏众. 中国经济转型中城镇劳动力市场分割问题——不同部门职工工资收入差距的分析 [J]. 管理世界, 2009, (03): 55 - 62, 71.

[162] Sylvie Démurger, Martin Fournier, 李实, 魏众. 中国经济改革与城镇劳动力市场分割——不同地区职工工资收入差距的分析 [J]. 中国人口科学, 2008, (02): 2 - 11, 95.

[163] 舒尔茨. 人力资本投资: 教育和研究的作用 [M]. 北京: 商务印书馆, 1990.

[164] 孙百才. 中国教育扩展与收入分配研究 [D]. 北京师范大学, 2005.

[165] 孙泽平. 基于基尼系数测算法的中国教育公平的代际比较 [J]. 教育与职业, 2010, (29): 27 - 28.

[166] 吴愈晓. 劳动力市场分割、职业流动与城市劳动者经济地位获得的二元路径模式 [J]. 中国社会科学, 2011, (01): 119 - 137, 222 - 223.

[167] 王大鹏. 我国劳动力市场行业分割问题研究 [J].

现代管理科学，2006，（11）：42 - 43.

[168] 王树华. 打破行业分割实现强强联合的典型调查 ［J］.
中国工业经济，1997，（01）：75 - 77.

[169] 徐林清. 中国劳动力市场分割问题研究 ［M］. 北
京：经济科学出版社，2006.

[170] 姚先国，黎煦. 劳动力市场分割：一个文献综述 ［J］.
渤海大学学报（哲学社会科学版），2005，（1）：84 - 89

[171] 姚先国，黄志岭. 职业分割及其对性别工资差异的
影响——基于 2002 年中国城镇调查队数据 ［J］. 重庆大学学报
（社会科学版），2008，（02）：53 - 58.

[172] 姚白羽. 对过度教育成因的一个解释——分割劳动
力市场的视角 ［J］. 世界经济情况，2008，（11）：61 - 65.

[173] 姚本安. 我国劳动力市场分割的形成过程研究 ［J］.
中国证券期货，2011，（10）：130 - 131.

[174] 杨伟国，程诗. 欧洲青年失业治理及其借鉴意义 ［J］.
新视野，2006，（04）：76 - 77.

[175] 岳希明，李实，史泰丽. 垄断行业高收入问题探
讨 ［J］. 中国社会科学，2010，（03）：77 - 93.

[176] 应松宝. 论大学生就业市场分割与高等教育的相互
作用 ［J］. 中国高教研究，2007，（03）：35 - 37.

[177] 詹一虹. 中国高等院校毕业生资源配置问题研究 ［D］.

华中科技大学，2004.

[178] 张展新. 劳动力市场的产业分割与劳动人口流动 [J]. 中国人口科学，2004，（02）：47 - 54.

[179] 张展新，高文书，侯慧丽. 城乡分割、区域分割与城市外来人口社会保障缺失——来自上海等五城市的证据 [J]. 中国人口科学，2007，（06）：33 - 41.

[180] 张昭时，钱雪亚. 城乡分割、工资差异与就业机会不平等——基于五省城镇住户调查数据的经验研究 [J]. 中国人口科学，2011，（03）：34 - 41.

[181] 张昭时. 中国劳动力市场的城乡分割 [D]. 浙江大学，2009.

[182] 张昭时，钱雪亚. 中国劳动力市场分割的两重"二元性"：理论与现实 [J]. 学术月刊，2009，（08）：76 - 83.

[183] 张抗私. 就业性别歧视与人力资本投资倾向的交互作用分析 [J]. 浙江大学学报（人文社会科学版），2009，（03）：40 - 49.

[184] 张兴茂，彭金柱. 马克思主义经济学与新制度经济学关于制度变迁动力论的融通 [J]. 山西财经大学学报，2001，（03）：1 - 5.

[185] 郑功成，黄黎若莲. 中国农民工问题：理论判断与政策思路 [J]. 中国人民大学学报，2006，（06）：2 - 13.

［186］张凤林，代英姿．西方内部劳动力市场理论评述［J］.
经济学动态，2003，(7)：69－73.

［187］张曙光，施贤文．市场分割、资本深化和教育深
化——关于就业问题的进一步思考［J］．南京大学学报（社
会科学版），2003，(05)：70－76，96.

［188］张兴茂，彭金柱．马克思主义经济学与新制度经济
学关于制度变迁动力论的融通［J］．山西财经大学学报，2001，
(03)：1－5.

［189］张得志．中国经济高速增长过程中的劳动就业及其
失业预警研究［D］．复旦大学，2007.

［190］张明龙．我国就业政策的六十年变迁［J］．经济理
论与经济管理，2009，(10)：21－26.

［191］张明龙．劳动就业制度改革的纵向考察［J］．求
实，2000，(03)：30－32.

［192］张威，殷锡武，张海峰．劳动力市场分割理论与高
职学生就业问题研究［J］．教育与职业，2012，(11)：84－
85.

后　　记

本书是由我的博士论文修改而成。七年前我报考了北京师范大学，七年前的情形仍历历在目，2010 年元旦我搭班机到北京正式备考，隔日首都机场便因大雪停航；3 月 14 日北京迎来新春第一场沙尘暴，我在沙尘的洗礼中幸运地通过了博士入学考试的初试，并闯过 60％ 的复试淘汰率，成功的踏进北师大，开始了盼望已久的博士生活。从激动兴奋地走进校园，到忐忑的呈上博士论文，这一切来得太快，还未发觉，却已走过，回首之日，唯有感念。

感谢我的导师赖德胜教授，三年来最大的收获来自赖老师言传身教对我的感染，"做事不怕吃苦，做人不怕吃亏"的诚恳做人、踏实做事风格，"顺潮流，入主流"的处世准则，严谨勤勉的学术态度，规范扎实的研究方法，宽容豁达的坦荡胸襟，所有这些，都深刻的烙在我的心间，时时鞭策着我积极、乐观和向上。感谢我湖南的编外导师柳思维教授，虽然专业研究领域上交叉不多，但年过花甲的柳老师自从我考博、读博以来，对我关怀备至，在论文的规范写作上他竭尽所能的给予指导，让我受益匪浅。

感谢犹如第二导师般的李实教授，从论文的论证，到数据支持，李老师给了多次悉心指导，从学习到工作，他都尽最大的努力给予我关心和帮助。感谢王善迈教授、杨澄宇教授、林树明老师、王娟老师，他们都在论文写作过程不厌其烦地与我展开讨论，让我的思路不断清晰，再清晰。感谢李宝元教授、孙志军副教授、袁强副教授、罗楚亮副教授，在他们的课堂上，我夯实了基础，学会了方法。感谢教育学部的褚宏启教授、杜育红教授对我的肯定与鼓励，助我成长与发展。非常感谢我的师兄孙百才教授、李长安教授、孟大虎副编审、吴克明副教授、田永坡副研究员、王轶副教授、苏丽锋副教授和我的师姐朱宁洁副研究员、廖娟副教授、包宁副教授、吴春芳副研究员及所有同门，他们无一不是如亲人般的给我极大的支持和鼓励。感谢于力，感谢樊敏，感谢2010级博士班的每一个同学，他们给了我一个温暖的大家庭，伴我三年青葱岁月。

怀揣着昔日的博士论文至今，已然又过去四年，当初的研究尽管仍具有重要意义，然四年过去数据也待更新，研究亟待跟进。而这四年我的工作、家庭、生活均发生了很大变化，已过而立之年的我处在人生发展的黄金阶段，这一阶段所面临的困难也是最多，以至于我曾经一度几乎停滞了研究工作。所幸"铜豌豆精神"鼓舞着我，让我从无数次快要窒息的黑暗中透过气来，披荆斩棘！所幸 2018 年是美好的，尽管仍有诸多瑕疵，终于可以出版我的处女作，体味人生的另一种幸福，如同看到健康快乐的一双儿子，那是同样的幸福！因此，最后要感谢我的家人，我的父亲、母亲、姐姐，他们潜心笃力的支持和帮助让我有足够的精力完成我的论文和工作。特别是我的丈夫梁智尧先生，无论是著作、论文，还是孩子、父母，我所做的和要做的一切，他义无反顾地支持；我所承受的苦难与快乐，他一一与我共同品味、经历；我的每一步都凝聚着两个人的汗水与甜蜜。我性急气躁，常常犹如风雨雷电，但他始终温婉包容，给我最温情的港湾，使我感受到人间挚爱。而随我博士入学时出生的我的外甥林田琥，以及随后出生的我的大小儿子梁田祎、田梁玮，不仅给我的生活带了莫大的快乐与幸福，更是让我从爱与被爱中深悟生命的真谛，我爱你们！

　　七年苦乐并济，酸甜皆味，回味无穷，谨以此书勉励自己，奋进！

田瑞青

2018年3月于北京万寿路家中